IGUE POPULAIRE LYONNAISE
Pour le Repos du Dimanche
6, rue de l'Hôpital, 6

LISTE

DES

Magasins et Ateliers

DE LYON

*Dont les Patrons déclarent se faire un devoir de
fermer toute la journée des Dimanches et Fêtes*

———

TROISIÈME ÉDITION

précédée d'une

NOTICE SUR LA LIGUE

———

Janvier 1899

NOTICE

SUR LA

LIGUE POPULAIRE LYONNAISE

pour le Repos du Dimanche

───────⌇⌇⌇───────

But général de la Ligue

Affranchissons le plus grand nombre possible de familles d'ouvriers et d'employés de la servitude dominicale, que ne connaissent pas, ou dont se délivrent plus rapidement que nous, les pays qui nous entourent.

Permettons à chaque famille de se réunir au complet un jour entier par semaine.

Réagissons, par l'opinion, contre une des formes de l'esclavage moderne en nous efforçant d'imposer par la persuasion et par les mœurs le respect de la liberté du dimanche. — Ce respect se réclame au nom des intérêts de la famille et des droits de l'homme et du citoyen. Le travailleur a besoin d'un jour de repos par semaine pour réparer ses forces, pour cultiver ses facultés supérieures, pour remplir, s'il lui convient, les devoirs de sa religion. Le jour de repos hebdomadaire commun à tous les citoyens peut, seul, être un jour de liberté, d'égalité *et de* fraternité.

L'expérience démontre, enfin, que le repos du dimanche sert les intérêts du patron en même temps que ceux des employés et des ouvriers.

Rappelons, à ce sujet, les déclarations privées et publiques de notre défunt et regretté collègue, M. Henri Satre, fondateur et propriétaire des grands ateliers de constructions navales d'Arles et de Perrache.

« *Dans mes débuts industriels, dit-il dans la* Notice de l'Exposition Lyonnaise de 1894, *nous faisions travailler le dimanche, au moins une demi-journée. Mais, 60 à 70 %* des ouvriers chômaient le lundi, et beaucoup même le mardi.

« *Dès l'application rigoureuse du nouveau règlement* supprimant le travail du dimanche, *le nombre des ouvriers bambocheurs ou faisant le lundi est tombé à un ou deux pour cent, et le rendement du travail mensuel* s'est accru.

« *Avant la suppression du travail du dimanche, 20 à 25 %* des ouvriers avaient leurs salaires frappés de saisie-arrêt *pour dettes contractées chez les fournisseurs.*

Depuis la suppression du travail du dimanche, ce fléau a disparu. »

Constatons, en terminant, que tous ces bienfaits du dimanche, matériels et moraux, individuels et sociaux, sont les conséquences naturelles de la sagesse d'une loi divine.

Note historique

Le Congrès international pour le repos hebdomadaire, tenu à l'Exposition universelle de Paris en 1889, a reconnu et proclamé la nécessité de ce repos et les nombreux *avantages* qui en découlent au *multiple* point de vue moral, hygiénique, économique et social.

Il a été reconnu aussi que, pratiquement, en dehors même du respect que l'on doit à la liberté de conscience de la plupart des familles de travailleurs, le jour du repos hebdomadaire ne pouvait être que le *dimanche.*,

On a constaté enfin que, de tous les pays civilisés, la France était le seul où la pratique du repos hebdomadaire fût tombée dans l'oubli.

De là est née la *Ligue populaire pour le repos du dimanche en France,* composée de catholiques et de protestants, comprenant dans son comité central des prêtres et des pasteurs, sous la présidence d'honneur de *Jules Simon,* et la présidence effective de *Léon Say.* Sous l'impulsion du Comité central siégeant à Paris, des groupes de province nombreux se sont organisés pour s'associer à une campagne qui touche de si près au bien-être, à la santé physique et morale, à la dignité même du travailleur et, par suite, à la paix comme à la prospérité sociales.

La *Ligue lyonnaise,* fondée en 1890, comme groupe autonome de la *Ligue populaire pour le repos du dimanche en France,* s'est associée activement au mouvement qui a abouti à la simplification du service dominical des *postes* et des *gares de petite vitesse,* en attendant la fermeture totale de ces gares les dimanches et jours fériés.

En 1895, notre Ligue a groupé les magasins de détail dont les patrons déclarent se faire un devoir de fermer *toute* la journée des dimanches et fêtes.

Elle entreprend, maintenant, le catalogue des ingénieurs, architectes, entrepreneurs, régisseurs, et propriétaires qui se font une loi d'appliquer l'article 11 du cahier des charges de l'Administration des ponts et chaussées. Cet article interdit de faire travailler les ouvriers le dimanche sauf les cas d'urgence dûment constatés.

Organisation de la Ligue Lyonnaise

La *Ligue Lyonnaise* admet :

1° Des membres *fondateurs*, dont la qualité est acquise par un versement unique de *Cent* francs qui les dispense, s'ils le désirent, de toute annuité ultérieure ;

2° Des membres *donateurs*, versant une annuité de 20 francs ou de 10 francs ;

3° Des membres *souscripteurs*, versant une annuité de 5 francs ;

4° Des membres *titulaires*, versant une annuité de 2 francs.

La Ligue sert à chacun de ses membres le *Bulletin mensuel* du Comité central siégeant à Paris, qui lui coûte 1 fr. 50.

Le surplus des souscriptions est appliqué par la *Ligue Lyonnaise* aux frais de ses œuvres locales : impressions, publicité, propagande, conférences, enquêtes, frais généraux.

Elle concourt à l'action et aux frais du *Comité central de la Ligue pour le repos du dimanche en France*, par ses abonnements au *Bulletin* et par des dons volontaires quand ses ressources le lui permettront.

Nota. — *Il suffit, pour faire partie de la Ligue, d'en exprimer le désir à un quelconque des membres du Comité et d'acquitter la souscription choisie contre reçu du trésorier.*

Comité de la Ligue Lyonnaise

La **Ligue Lyonnaise** est dirigée par un Comité qui a été élu par l'*Assemblée constitutive* et qui se recrute ensuite par lui-même. — Son premier Président a été M. GILLET père, teinturier, décédé en 1896.

Composition actuelle du Comité

BUREAU

MM.

AYNARD, banquier, Président de la Chambre de Commerce, député du Rhône, place de la Charité, 11. — *Président d'honneur*.

CYRILLE COTTIN, ancien fabricant de soieries, place Bellecour, 19. — *Président*.

CAMBEFORT, banquier, administrateur au P.-L.-M., rue de la République, 13. — *Vice-Président*.

CHAVENT, fabricant de soieries, membre de la Chambre de Commerce, place Sathonay, 1. — *Vice-Président*.

AUGUSTE ISAAC, fabricant de soieries, vice-président de la Chambre de Commerce, rue de la République, 1. — *Vice-Président*.

AMÉDÉE DESGEORGE, marchand de soies, rue Puits-Gaillot, 19. — *Trésorier*.

CHAMBERT, ancien chef d'institution, rue Vaubecour, 30. — *Secrétaire*.

CRÉTINON, avocat, rue Bellecour, 3. — *Secrétaire*.

MEMBRES

BÉTHENOD, administrateur délégué du Crédit Lyonnais, rue Sala, 23.

BLANC, ancien magistrat, place Bellecour, 21.

J.-B. BONNET, fabricant de soieries, président du comité des présidents de Sociétés de Secours Mutuels, rue de l'Arbre-Sec, 9.

CHAVANNES, ingénieur civil, rue Centrale, 46.

DUMOND, ancien président du Comité des présidents de Sociétés de Secours Mutuels, rue de la Bourse, 12.

GARETS (DES), directeur de l'Œuvre Dominicale de France, rue Vaubecour, 15.

GILLET, teinturier, membre de la Chambre de Commerce, quai de Serin, 10.

GRANDJANNY, ancien négociant, rue de la République, 32.

GRIMONET, maître-menuisier, président de la 141e Société de Secours Mutuels, rue Pierre-Corneille, 127.

GUISE, fabricant de soieries, rue Puits-Gaillot, 33.

OBERKAMPFF, administrateur des Hospices, avenue de Noailles, 20.

VAUTIER, ingénieur civil, rue Centrale, 46.

VINCENT, ancien major de la Charité, rue Ste-Hélène, 35.

Ligue Populaire Lyonnaise, pour le Repos du Dimanche
6, Rue de l'Hôpital, 6

LISTE DES MAGASINS
ET ATELIERS
Dont les Patrons se font un devoir de fermer toute la journée des Dimanches et Fêtes

Troisième Édition. — Janvier 1899

AVIS IMPORTANT

Les membres et les adhérents de la Ligue, au nombre de plusieurs milliers, voulant seconder le grand mouvement qui se prononce de plus en plus en faveur du repos dominical, depuis le congrès international de 1889, désirent avoir la liste des magasins et ateliers dont les patrons se font une loi de fermer toute la journée du dimanche

Nous publions cette liste aussi complète et précise que nous avons pu l'établir, prêts à accueillir toutes les rectifications demandées.

L'insertion est gratuite.

Pour l'obtenir, s'adresser au bureau de la Ligue, rue de l'Hôpital, 6, ou à l'un quelconque des membres du Comité dont les noms et adresses suivent au verso :

N. — La liste sera révisée et complétée toutes les fois que l'exigera un nombre assez considérable de nouvelles inscriptions.

Pour ne pas trop grossir cette brochure, nous avons omis, à dessein, les professionnels qui ont des bureaux, tels que notaires, avoués, banquiers, ingénieurs, architectes; les fabricants de soieries, les teinturiers, les apprêteurs, les négociants en gros et les patrons des grands ateliers qui, presque tous, observent la fermeture dominicale, les uns par tradition, les autres depuis que les nombreux avantages du repos hebdomadaire ont été rappelés et scientifiquement démontrés. — Si quelques-uns résistent encore, ils ne tarderont pas à suivre le mouvement général.

Ligue Populaire Lyonnaise, pour le Repos du Dimanche
6, Rue de l'Hôpital, 6

APPEL DE LA LIGUE AU PUBLIC

Empressés de répondre au désir de nos adhérents, nous avons publié hâtivement, en 1894, une première liste qui ne contenait que 317 noms.

Les signatures recueillies par nos recenseurs, et les avis publiés dans les journaux, nous ont permis, en 1895, d'indiquer plus d'un millier de noms, à tous les amis de la cause chrétienne, humanitaire, économique et sociale dont notre Ligue a entrepris la défense, surtout depuis le Congrès International tenu à Paris, à l'Exposition universelle de 1889.

La France seule, en effet, semblait trop avoir oublié que le repos hebdomadaire et dominical est nécessaire à la conservation de la famille, à la restauration des forces humaines, aux véritables intérêts économiques et à la dignité du citoyen. — Les orateurs, les rapporteurs des questions traitées dans le Congrès, lui ont rappelé cette nécessité et l'absurdité du choix d'un autre jour que le dimanche, hors des pays musulmans.

***

La liste que nous publions aujourd'hui, déjà importante puisqu'elle renferme près de deux mille noms, le serait encore bien davantage si un très grand nombre de propriétaires de magasin n'hésitaient à donner la signature nécessaire pour l'inscription, par crainte de gêner leurs clients.

Néanmoins, nous avons le ferme espoir, la conviction même, qu'elle s'accroîtra rapidement.

En effet, les membres du comité et les recenseurs ont constaté, dans presque tous les magasins visités, le vif désir de la fermeture dominicale qui fait entrevoir aux patrons et à leurs employés la possibilité d'une journée entière consacrée aux devoirs de conscience en même temps qu'aux devoirs et aux joies de la famille.

Mais plusieurs, disposés à fermer, craignent que des concurrents, restés ouverts, ne leur enlèvent des acheteurs attitrés.

D'autres, tels que les coiffeurs et même des fournisseurs d'objets d'alimentation, regrettent vivement que les exigences, les simples habitudes irréfléchies de beaucoup de leurs clients, leur imposent des obligations qu'ils subissent avec peine.

* **

Les uns et les autres prient la Ligue d'agir auprès du public, pour lui demander avec instance de soustraire au dimanche ce qui peut être fait le samedi.

Avec la liste que nous présentons, toutes les personnes disposées à favoriser le repos dominical ont un moyen efficace d'affirmer leur désir, leur volonté de seconder la Ligue.

Elles ont les noms des magasins qui, dans chaque profession et dans chaque quartier, sont fermés toute la journée des dimanches et fêtes.

Qu'Elles s'abstiennent Elles-mêmes; qu'Elles détournent le public d'acheter, ces jours-là, dans les magasins restés ouverts, afin de ne pas nuire à ceux qui ferment.

Qu'en toute occasion, Elles entourent ceux-ci d'un sympathique appui et leur nombre s'accroîtra jusqu'à devenir un jour la totalité, puisqu'il s'agit de rendre service à toute une catégorie de nos concitoyens, sans porter préjudice à personne.

* **

Nous conjurons, en général, tous les amis des saines et vraies libertés, d'aider notre Ligue à faire disparaître, en France, l'une des plus tristes servitudes modernes, que n'ont jamais subie ni la Russie ni l'Angleterre ni les Etats-Unis, et dont s'affranchissent graduellement l'Allemagne, la Belgique et la Suisse.

Tous ces pays sont restés libres ou se délivrent, non seulement de la vente dominicale, mais encore et surtout des pénibles travaux industriels qui, là où ne se respecte pas le repos hebdomadaire, imposent ce qu'on peut appeler l'esclavage du dimanche.

LISTE DES MAGASINS
et Ateliers

QUI FERMENT TOUTE LA JOURNÉE DES DIMANCHES ET FÊTES

Abat-Jour, Persiennes, Stores

Aubignat, Fabricant, quai de la Charité, 39.

Michel Alex^{ra}, Ancienne maison Chabanon, fondée en 1845, rue Cuvier, 34, près l'Avenue de Saxe.

Penasso J., Fabricant, cours d'Herbouville, 37.

Vernay, Fabricant, quai des Brotteaux, 4, et place St-Michel, 7.

Alimentation : Comestibles divers

Bruguier, Dépôt de sel de mer, quai de la Charité, 26.

Garretet-Ducaine, Epicier en gros, rue du Bât-d'Argent, 18.

Damois, Fromages en gros, rue Vauban, 57.

Ferrand et Cie, Fabricants de pâtes alimentaires, cours Gambetta, 94, 96 et 98.

Fort et **Duquesne,** Comestibles, rue Lanterne, 8.

Georgel V., Fromages en gros, rue Molière, 6.

Goy L., Fruits secs, rue St-Côme, 8.

Julien et **Tabardel,** Marchands de fromages en gros, salais., cours de la Liberté, 67.

Louit frères et Cie, Conserves, Avenue de Saxe, 143.

Perret C., Fromages, salaisons, Avenue de Saxe, 251.

Prost et Cie, Fromages en gros, rue Molière, 56.

Vacher L., Fromages en gros, rue des Forces, 6.

De la Vieuville et Cⁱᵉ, Œufs en gros, quai Rambaud, 5.

Viornery, Marchand de fromages, rue Lanterne, 19.

Ameublements : Étoffes, Tentures, Tapis

Beaujour *(Au Palissandre)*, Ameublements complets, cours de la Liberté, 10 et 13.

Bonjour H., *(Au Colosse de Rhodes)*, Ameublement, décoration, cours de la Liberté, 42, 44, et 29.

Léon Chanée et Cⁱᵉ, Etoffes pour Ameublements, rue de l'Hôtel-de-Ville, 41.

Clerc P. et J. **Meyssonnier**, Etoffes d'Ameublement et Papiers peints, rue de l'Hôtel-de-Ville, 60.

Duchesne, Etoffes d'Ameublement, rue de l'Hôtel-de-Ville, 65.

Fournet T., Ameublements, place Morand, 2.

Fournier C., Tissus, Ameublements, Literie, quai de l'Hôpital, 6.

Fuoc G., Ameublements, tapis, rue du Plat, 31.

Gervais C., Ameublements, rue de l'Hôtel-de-Ville, 89.

Kiemlé, Fabricant de billards, rue Franklin, 8 et 10.

Mollard, Literie, tapisserie, grande rue de Vaise, 36.

Monestier Marius, Ameublements, place Bellecour, 18.

Perrier, Ameublements, rue des Capucins, 25.

Pichon B., Marchand de meubles, rue du Bât-d'Argent, 9.

Prost Ph., Ameublements, place Bellecour, 26.

Appareils de Chauffage :
Poêles, Fourneaux, Accessoires

Chaudon, Fumiste, cours d'Herbouville, 23.

Coste P., Fabricant de forges et ventilateurs, cours de la Liberté, 58.

Gros, Poëlier-fumiste, rue St-Joseph, 25.

Gobert Ph., Appareils de chauffage, Avenue de Saxe, 133.

Laurent frères, Fournitures pour poëliers, rue Sala, 8.

Leclercq, Poëlier, rue d'Enghien, 12.

Mago, Poëlier, rue Lafont, 3.

Pierron-Boutier, Appareils de chauffage, fourneaux, quai de l'Hôpital, 60.

Poulier et **Baule**, Fumistes. Appareils de chauffage, rue St-Joseph, 7 et 9.

Pradal et fils, Fumistes, rue Tronchet, 18 et 19.

Reveilhac, Poëlier-fumiste, boulevard de la Croix-Rousse, 152.

Sibuet B., Fumiste, rue d'Auvergne, 19.

Simonet, Fumiste, rue des Remparts-d'Ainay, 41.

Soubrier, Poëlier-fumiste, rue de l'Arbre-Sec, 38.

Verguin, Fumiste, rue Pierre-Corneille, 45.

Veuillet, Poëlier-fumiste, cours de la Liberté, 60.

Zaniroli et **Lefèvre**, Appareils de chauffage, place du Gouvernement, 4.

Appareils d'Eclairage :
Lampes, Lustres, Becs, Abat-Jour, Globes, Verres, etc.

Boudault, Fabrique de lampes, Avenue de Saxe, 80.

Brunner frères, Appareils d'éclairage, rue St-Joseph, 6.

Chatelain (Vᵉ), Appareils d'éclairage, bronze, rue Bellecour, 3.

Ditmar, Fabricant de lampes, rue de la Charité, 11.

Fontanier (Vᵉ), Lampiste, rue St-Joseph, 62.

Gonin, Eclairage et plomberie, Avenue de Noailles, 55.

Gourd et **Dubois**, Appareils d'éclairage, rue de la République, 50.

Lacarrière et Cⁱᵉ, Appareils d'éclairage, rue de la République, 11.

Manoha, Lampiste, rue Molière, 41.

Ponchon, entreprise d'éclairage, rue des Archers, 4.

Restelhueber J., *Rœhrig, dépositaire*, Lampes et suspensions, rue St-Dominique, 13.

Rigonnaux, Appareils d'éclairage, rue de la Bourse, 35.

Savignon (Maison), Fabricant de lanternes, rue St-Joseph, 4.

Soulier, Lampiste, rue Thomassin, 31.

Appareils Electriques :
Eclairage, Sonneries, Moteurs
(*Voir aussi Opticiens*)

Compagnie Lyonnaise du gaz acétyléne, r. Gentil, 9.

Chollet (V^e), Appareils électriques, rue Tupin, 28.

Fauris et Dukard, Constructeurs électriciens, rue Molière, 67.

Gourd et Dubois, Appareils, rue de la République, 50.

Appareils à Gaz : pour Éclairage,
Chauffage, moteurs et Distribution
(*Voir aussi Ferblantiers, Plombiers, Zingueurs*)

Barbier-Beuve, Mécanicien, ajusteur pour moteurs à Gaz, rue de Bonnel, 39.

Bardot, Appareils à gaz, rue Duhamel, 8.

Berlié et Cie, Appareils à gaz, rue Paul-Chenavard, 2.

Bugnod et Garnier, rue Vaubecour, 40, et place des Terreaux.

Guigard, Cie Régionale des Moteurs à gaz, avenue de Saxe, 124

Mille C., Employé au gaz, rue St-Dominique, 10.

Roux E., Compagnie Continentale pour la fabrication des compteurs à gaz, cours Gambetta, 64.

Armuriers et Articles de Chasse

Digonnet, armurier, rue de l'Hôtel-de-Ville, 89.
Dubost (Vᵉ), Armurier, rue Terme, 4
Verney-Carron et Cⁱᵉ, Fabricants d'armes, rue des Archers, 8.

Articles de Ménage

Bonneton fils, rue de la République, 12.
Dumas et **Fargeot,** quai St-Antoine, 39.
Guironnet, place de la Miséricorde, 6.

Articles de Pêche

Salvignon, Cordier, articles de pêche, rue de la Fromagerie, 30.

Articles de piété et Ornements d'Eglise

Barban et **Masson,** Ornements d'église, place St-Jean, 2.
Bernard, Ornements d'église, rue St-Etienne, 6.
Besson (*Maison*), Statues et ornements d'église, rue Mandelot, 6.
Billiet, Ornements d'église, quai Tilsitt, 8.
Boissie Paul, Objets religieux, rue Bellecour, 2.
Bruno-Mazoyer, Articles de piété, rue Centrale, 33.
Cholat (Mᵐᵉ), Ornements d'église, place St-Jean, 4.
Cholat (Mᵐᵉ), Objets de piété, rue St-Etienne, 6.
Cucherat (Mˡˡᵉ), Articles religieux, place St-Jean, 11.
Douine, Ornements d'église, place St-Jean, 1.
Dubreuil et **Giraud** (Mᵐᵉˢ), Articles de piété, rue Victor-Hugo, 13.

Fayeton, Ornements d'église, quai Tilsitt, 7.

Georges A., Ornements d'église, place St Jean, 5.

Gramont, Tréfilerie de cuivre pour ornements d'église, quai de Retz, 10.

Lafont (Mme), Objets religieux, rue St-Joseph, 14.

Monteilhet Jeune, Articles religieux, avenue de l'Archevêché, 2.

Paillet, Articles de piété, rue des Jacobins, 7.

Perodin, Articles religieux, avenue de l'Archevêché, 1.

Rey-Belle, Objets de piété, rue Centrale, 39.

Vacher fils et Dutruc, Ornements d'église, avenue de l'Archevêché, 7.

Vermare, Objets religieux, rue St-Etienne, 8.

Articles de Saint-Claude

Bois frères, Pipes, articles de St-Claude, rue de la République, 32.

Geoffray E., Articles de St-Claude, rue des Anges, 8.

Journal, Articles de St-Claude, rue Grenette, 17.

Mercier, Articles de St-Claude, rue Centrale, 21.

Articles de Voyage

Barret J., rue de l'Hôtel-de-Ville, 101.

Barlioz G., cours de la Liberté, 72.

Berne F., rue Victor-Hugo, 8.

Bloth, cours de la liberté, 23.

Cottarel, rue Neuve, 17.

Delachaux F., rue de la République, 3.

Freynet J., rue Victor-Hugo, 30.

Jassaud O., quai St-Vincent, 29.

Lavarenne, rue des Capucins, 6.

Balances

Marius Mathieu, Balancier, rue Centrale, 41.
Pignard Cl. Balancier, rue de la Tunisie, 5.
Tétaz (V^e), Balancier, rue Romarin, 8.
Trayvou, Instruments de pesage, rue de l'Hôtel-de-Ville, 38.

Bandagistes, Orthopédistes

Douisset E., Bandagistes, rue de l'Hôtel-de-Ville, 95.
Durillon frères, Bandagistes, rue des Archers, 8.
Journel, Bandagiste, rue Confort, 11.
Rochet et Cie, Bandagiste, rue Saint-Côme, 11.

Bâtiment

Bacot, Tuileries, quai St-Vincent, 8.
Bouché, Agent, tuileries de Montchanin, rue du Commandant-Dubois, 1.
Bouché F., Carrelages et faïences, rue du Commandant-Dubois, 3.
Chevalier M., Entrepreneur de maçonnerie, rue des Remparts-d'Ainay, 21.
Clément E., Entrepreneur de maçonnerie, place de Trion, 3.
Derex Joseph, Fournitures pour bâtiments, cours Lafayette, 105.
Drevet, Entrepreneur d'asphalte, cours Charlemagne, 54.
Dumont II. Entrepreneur, quai de la Pêcherie, 4.
Favier-Simon, Entrepreneur de maçonnerie, place de Trion, 6.
Faure Henri, Entrepreneur de maçonnerie, chemin de la Demi-Lune, 128.
Gouyon, Entrepreneur de maçonnerie, cours de la Liberté, 33.

Hérilier frères, Marchands de bois, rue de Paris, 28.

Juthier et fils, Négociants en bois, rue d'Alger, 21 et cours Suchet, 14.

Mottet, Entrepreneur, rue de Penthièvre, 11.

Péturaud Louis, Entrepreneur, rue Terme, 5.

Rey-Mury frères, Marchands de bois, avenue de Saxe, 205.

Rouchon (oncle et neveu), Entrepreneurs de maçonnerie, rue Mazenod, 62.

Simon-Constantin, Entrepreneur de maçonnerie, Montée de Fourvière, 9.

Thorand et Cⁱᵉ, Chaux et ciments, rue Molière, 41.

Varloud et Cⁱᵉ, Entrepreneurs, avenue de Noailles, 34.

Vernay, Cimentier, rue Garibaldi, 99.

Bazars, Bimbeloterie

Brunel, Jouets, rue de la République, 37.

Burel Frères, bimbelotiers eu gros, rue de Jarente, 24.

Pellé (Sœurs), Bazar, rue de la République, 30.

Voland, Bimbelotier, quai Saint-Vincent, 56.

Bijouterie, Joaillerie et métaux précieux

Augis, Bijoutier, objets d'arts, rue de la République, 32.

Augis, Bijouterie-joaillerie, rue Paul-Chenavard, 3.

Beaumont, Bijouterie, rue de la République, 17.

Bernard, Ch., négociant en bijouterie, rue Paul-Chenavard, 37 (au 1ᵉʳ).

Bousquet, Bijoutier-orfèvre, rue de la République, 6.

Bovey, essayeur, rue de la Poulaillerie, 15.

Chanal, Ch., Bijouterie fantaisie, rue Paul-Chenavard, 20.

Collin Aîné, joaillerie, rue Paul-Chenavard, 17.

Decourt, Changeur, place des Jacobins, 6.

Gauthier C., Bijoutier-horloger, rue Victor-Hugo, 38.

Gindre-Duchavany, traits et tréfilerie or et argent, quai de Retz, 18.

Grammont, fabricant de traits pour la dorure, quai de Retz, 19.

Grenier-Tupinier, Bijoutier, rue Centrale, 45.

Gros (V^e), Bijouterie, rue Grenette, 2.

Hopital frères, fabricants de dorures, rue Boileau, 76.

Martin, Bijouterie, rue de la République, 45.

Martinent, Bijoutier, objets d'art, rue de la République, 30.

Massot, Bijoux artistiques, place Bellecour, 6.

Morat Jean, Bijoutier, rue de la République, 49.

Paillet, Bijoutier-horloger, rue Centrale, 32.

Perrin J., Gros et **Vallet**, Fabricants de dorures, rue d'Algérie, 2.

Richard-Radisson, Raffinage d'argent, rue de la Préfecture, 7.

Rousselot (Mlles), Bijouterie, rue Saint-Dominique, 5.

Wegelin, Bijouterie, rue de la République, 58.

Blanchisseuses et Repasseuses

Moiret, Blanchisseuse-repasseuse, rue des Remparts-d'Ainay, 10.

Ramoz, Blanchissage de rideaux, rue François-Dauphin, 7.

Bonneterie

Blanchon, Bonneterie, rue Paul-Chenavard, 15.

Bonnardel, Tricotage, rue Franklin, 37.

Bouchard (Mlle), Bonneterie mercerie, rue Romarin, 19.

Desurmont J. et fils, Laine hygiénique du docteur Jaeger, rue de la République, 45.

Farge (Mme), Bonneterie, lingerie, rue Saint-Joseph, 40.

Ferrié T. P. (*A Sainte-Anne*), Bonneterie, mercerie, place Bellecour, 4.

2

Fiat (Sœurs), Maison de modes, bonneterie, lingerie, rue Saint-Joseph, 20.

Grenouiller J. (*A Jeanne d'Arc*), Bonneterie, lingerie, rue Victor-Hugo, 37.

Gros et Puissant (D^{lles}), Bonneterie, lingerie, rue de la République, 5.

Michelle-Raginelle (M^e), Bonneterie, mercerie, rue de la République, 17.

Picotin, Bonneterie, quai de Retz, 22.

Schmidt-Verdier, Flanelle végétale, place Bellecour, 5.

Sublet Marie, Bonneterie, mercerie, rue de la Barre, 2.

Trillot, Bonneterie, quai Saint-Vincent, 61.

Bouchons (Fabrique de)

Didier (V^e),	Fab. de bouch.,	rue Lanterne, 8.
Garampon,	—	avenue de Noailles, 50.
Genin et Morel,	—	rue Mercière, 40.
Haury,	—	rue Dubois, 14.
Orcel,	—	rue de l'Hôtel-de-Ville, 100.
Orcel F.,	—	rue Simon-Maupin, 3.
Noyer et Vve Grenier,	—	rue d'Algérie, 9.
Sénéquier, Roux et Cie,	—	rue Constantine, 3.

Bourreliers, Harnacheurs, Selliers

Allemang B., successeur de **Kaisser**, sellerie, articles d'écurie, rue du Plat, 30.

Andlauer, Harnacheur, rue de la Charité, 30.

Berger et Robert, Fournitures pour Bourreliers, quai de la Charité, 37.

Bouvet, Harnacheur, cours Gambetta, 38.

Bouvier, Sellier, place Carnot, 1.

Dallaire, Colliers pour chevaux, rue de Condé, 8.

Fichet Frères, fournitures pour Sellerie, rue du Plat, 26.

Geoffroy, Fournitures pour bourreliers, rue des Remparts-d'Ainay, 16.

Quinet C., Sellier, place Bellecour, 21.

Meyer et **Prenet**, Fournitures pour sellerie, rue de Condé, 8.

Mical L., Sellier, avenue de Noailles, 63.

Nesme, Fournitures pour bourrellerie, sellerie, quai de la Charité, 41.

Pailly J.-B., Sellier, bourrelier, place Saint-Michel, 2.

Premet, Fournitures pour sellerie, quai de la Charité, 32.

Broderies

Albrand (Sœurs), Broderies, rue Victor-Hugo, 37.

Angélier (M^e), Broderies sur tulle, place des Hospices, 6.

Barrot (M^{llr}), Broderies, canevas, mercerie, rue Saint-Joseph, 11.

Bernard (M^e), Dessins et broderies, quai Saint-Vincent, 60.

Chapuis (V^e), Broderies, dentelles, rue Centrale, 23.

Chevalier A. et Cie (M^e), Broderies et tapisserie, rue Centrale, 44.

Cizéron (*A Saint-Pierre*), rue Victor-Hugo, 33.

Denis, Dessinateur, rue du Plâtre, 10.

Descombes (Mlle), Broderies, rue de la Charité, 11.

Etienne (V^e) et **Capdepon**, Tapisserie et laines, rue du Bât-d'Argent, 10.

Goudon (Mlle), Broderies, tapisserie, rue Sala, 40.

Labadie, Broderies, rue Victor-Hugo, 14.

Laulagnet Louis, Laines à tricoter et à broder, rue Paul-Chenavard, 26.

Pourcet (Mlle), Broderies, dentelles, rue de l'Annonciade, 15.

Restier, Dessinateur en broderies, rue Sainte-Hélène, 16.

Robin Eugène, Fabricant de ruches et broderies, rue d'Algérie, 21.

Serra J., Broderies et tapisserie, rue de l'Hôtel-de-Ville, 14.

Bronzes d'Eglise, d'Appartement, d'Art

Armand-Calliat et Fils, Fabricant d'Orfèvrerie religieuse, montée du Gourguillon, 18.

Aubert Fils, Fabricant de Bronze, rue Mazenod, 56.

Burd'. Aîné, Fondeur et Fabrique de Bronze, rue de Condé, 28.

Dériard, Appareils d'électricité, Bronze d'art, rue de l'Hôtel-de-Ville, 46.

Dumond, Bronze, rue St-Dominique, 2.

Favier, Bronze d'église, avenue de l'Archevêché, 1.

Favier A., Bronze d'église, Appareils d'éclairage électrique, rue de Condé, 5.

Zamlinski Père et Fils, Bronze d'église, avenue du Doyenné, 3.

Brosserie, Eponges

Avignon et Cie, Fabricants de Balais et Brosserie, rue Molière, 57.

Bedel et **Petitjean**, Brossiers, quai de Retz, 14.

Collet et **Lavigne**, Fabricants de Pinceaux, Brosses et fournitures, rue du Commandant-Dubois, 7.

Fuoc J., Brosserie, rue du Plat, 31.

Gagnière et Cie, Eponges, place Bellecour, 17.

Gambes H., Brosserie et Baleines, quai de Retz, 17.

Gaudet (V^e), Marchande d'Eponges, rue de l'Hôtel-de-Ville, 91.

Jourdan C., Brosses et Eponges, rue Mercière, 26.

Rappelle-Jacquier, Brosses, rue Romarin, 21.

Teizevent, Brossier, rue St-Dominique, 1.

Virand, Eponges, Pinceaux, rue Saint-Côme, 2.

Camionneurs, Voituriers, Roulage Expéditeurs

Rousselet, Messageries, rue Saint-Côme, 5.

Cannes et Parapluies

Blanc-Gonnet, Parapluies et Ombrelles, rue du Plat, 2.

Blanchin, Parapluies et Ombrelles, rue Romarin, 13.

Buchet, Fabricant de Parapluies, quai St-Vincent, 59.

Chollet J., Fabricant de Parapluies, rue Victor-Hugo, 47.

Durand, Fabric'de Parapluies, avenue de l'Archevêché, 2.

Grillet, Fabricant de Parapluies, rue Victor-Hugo, 10.

Guiard (Vᵉ), Fabricant de Parapluies, boulevard de la Croix-Rousse, 154.

Mouton F., Marchand de Parapluies, rue St-Joseph, 18.

Pinton Auguste, Fabricant de Parapluies, montée des Carmélites, 30.

Poupy, Fabricant de Parapluies, rue Victor-Hugo, 46.

Loiseau F., Parapluies et Ombrelles, quai de l'Archevêché, 14.

Caoutchouc, Articles divers

Bercheinten et Cⁱᵉ, Marchands de Caoutchouc, rue de l'Hôtel-de-Ville, 37.

Brondelle, Caoutchouc manufacturé, rue de la République, 87.

Gontard C., Caoutchouc, Société Industrielle des Téléphones, rue Victor-Hugo, 42.

Gramont, Fabrique de Caoutchouc manufacturé, quai de Retz, 10.

Moine, Sacs et Bâches, quai de l'Hopital, 54, 55.

Passot, Sacs et Bâches, quai de la Pêcherie, 12.

Saint Frères, Sacs et Bâches, quai de Retz, 10.

Carrosserie, Voitures, Harnais

Bousquet L., Carrossier, rue Sala, 19 et 26.

Faurax L., Carrossier, avenue de Noailles, 5.

Piot C. et Cⁱᵉ, Carrossier, avenue de Saxe, 114.

Ramay, Carrossier, rue de Bonnel, 43 et 45.

Renevier, Carrossier-Sellier, cours Gambetta, 71.
Trichard, Carrossier, rue de Penthièvre, 6.

Cartonnages, Cartons, Reliures

Combe, Cartonnier, rue Royale, 21.

Girardin, Cartonnier, rue Molière, 11.

Latour J.-B., Cartonnier, rue Centrale, 21 (au 3e).

Michel J., Reliure et Cartonnage, quai de l'Hôpital, 14.

Nové, Richard et Coste, Fabrique de Cartonnage, cours du Midi, 7.

Sopia, Cartonnages fins, rue Centrale, 13.

Voisin Frères et Pascal Frères, Cartonneries réunies, rue Godefroy, 7 et 9.

Voisin Henry, Cartonnier, Grande-Rue des Feuillants, 4.

Chaises : Fabricants, Marchands

Bottin, Entrepreneur de Chaises, rue de la Bourse, 35.
Goujat, Fabricant de Chaises, quai des Brotteaux, 29.
Pierrefeu, Fabricant de Chaises, quai des Brotteaux, 26.

Chapellerie de soie, de Feutre, de Paille, Casquettes

Chartier, Chapellerie, rue de l'Hôtel-de-Ville, 33.

Chevillon F., fabricant de chapeaux de paille, rue Centrale, 21.

Frarin, Chapellerie, rue de la République, 4.

Lambert M., Chapeaux de paille, rue Centrale, 39.

Musset P., Chapellerie Ecclésiastique, rue St-Jean, 68.

Prulière A., Chapellerie Ecclésiastique, Avenue de l'Archevêché, 5.

Vaudray, Chapelier, cours d'Herbouville, 34.
Viallet-Duclos, Chapellerie Ecclésiastique, place Saint-Jean, 2.

Chaussures et Cordonnerie
Guêtres, Chaussons

André, Cordonnier, rue de l'Annonciade, 4.
Avignon, Cordonnier, rue Franklin, 33.
Baissoc, Cordonnier, boulevard de la Croix-Rousse, 101.
Bizolon (Vᵉ), Cordonnier, rue Henri IV, 5.
Biolley Louis, Cordonnier, rue de la Martinière, 6.
Bizolon, Cordonnier, rue Jarente, 10.
Bonnetal, Cordonnier, rue du Garet, 19.
Bonnet A., Chaussures, rue Paul-Chenavard, 20.
Borget, Cordonnier, rue Bellecordière, 20.
Bossa, Cordonnier, rue des Célestins, 3.
Bouvet (Mⁱⁱᵉ), Chaussures, rue Lafont, 8.
Bouvier, Cordonnier, rue de la Bourse, 2.
Chambet, Bottier, rue Gentil, 19.
Chaudier, Chaussures, rue Victor-Hugo, 13.
Chiron (Mᵉ) Chaussures, rue St-Joseph, 53.
Chorrier, Cordonnier, rue St-Joseph, 25.
Cusset, Marchand de chaussures, rue St-Côme, 9.
Domeizel, Bottier, rue Lafont, 18.
Dubet, Cordonnier, rue Pierre-Dupont, 43.
Ducerf, Cordonnier, rue Molière, 7.
Eymonerie, Cordonnier, rue Constantine, 6.
Faure, Fabricant de chaussures, rue Bellecour, 2.
Faure, Cordonnier, cours d'Herbouville, 25.
Fournigault, Cordonnier, rue Ferrandière, 20.
Fraisse F., Cordonnier, place Ampère, 2.
Gélas, Cordonnier, rue St-Joseph, 43.
Genthial, Bottier, rue de l'Hôtel-de-Ville, 99.
Geste, Chaussures, rue Victor-Hugo, 11.
Gonnard J., Cordonnier, rue Sala, 9.

Gontard L., Marchand de chaussures, rue Paul-Chena-vard, 9 et 11.

Gouzon, Cordonnier, rue St-Nizier, 8.

Gravier, Cordonnier, rue Dubois, 42.

Grillio, Cordonnier, rue Ste-Hélène, 16.

Gruet Jean, Cordonnier, rue Bouteille, 15.

Guillermet J., Cordonnier, rue des Célestins, 3.

Hattler, Cordonnier, rue de Jussieu. 5.

Hoser, Cordonnier, rue du Plat, 19.

Kiéfer (V^e), Cordonnier, rue Lafont. 12.

Langlois, Bottier, place des Carmélites, 4.

Lardet, Cordonnier, rue Ste-Hélène, 13.

Lassus (Mlle), Chaussures, rue de la Préfecture, 8.

Leozon et **Conce**, Manufacture de chaussures, quai de l'Archevêché, 25.

Leplant et Cie, Chaussures, rue de la République, 48.

Maire, Cordonnier, rue de l'Arbre-Sec, 16.

Meurdefroz, Marchand de chaussures, quai des Céles-tins, 14.

Monin, Cordonnier, rue Vieille-Monnaie, 27.

Murcin, Cordonnier, rue des Augustins, 2.

Nouvellet, Cordonnier, rue du Peyrat, 5.

Nourry (V^e), Chaussures, Avenue de Saxe, 71.

Palais (Aîné), Chaussures, rue de la République, 41.

Peisson, Bottier, rue de la Préfecture, 6.

Piannezzi, Cordonnier, rue Franklin, 22.

Pottier M., Bottier, rue de l'Hôtel-de-Ville, 72.

Prévieux, Bottier, rue d'Algérie, 17.

Rimbert, Bottier, rue Constantine, 20.

Rivoire (V^e), Chaussures-cordonnerie, rue Servient, 8.

Roth, Cordonnier, quai St-Vincent, 62.

Servajean et **Gouvernet**, Fabrique de chaussures, rue Molière, 55.

Simian (*Aux Médailles*), Chaussures, rue de l'Hôtel-de-Ville, 74.

Staub, Cordonnier, rue du Plat, 24.

Stegmiller, Cordonnier, rue de l'Hôtel-de-Ville, 102.

Taisse, Cordonnier, place St-Jean, 1.

Trainard, Cordonnier, rue St Joseph, 37.

Vernay, Bottier, rue Royale, 23.

Veyret (*Au Petit Poucet*), Chaussures, rue de la République, 28.

Vieillefond, Cordonnier, rue Royale, 13.

Zéolzer, Cordonnier, rue Pierre-Corneille, 7.

Chemiserie, Lingerie

Barbary J., Chemisier, rue Pierre-Corneille, 32.

Bernaud J., Chemiserie, rue du Sergent-Blandan, 38.

Bonéton S., Chemisier, rue Molière, 11.

Bonjour et Romancaille, Chemisiers, rue Lafont, 6.

Bourret (*Au Petit Louvre*), Chemises et corsets, rue Victor-Hugo, 40.

Brondel et Cie, Chemisiers, quai Saint-Vincent, 61.

Charvet et Poncet, Chemisiers, rue de l'Hôtel-de-Ville, 43.

Darmeray, Chemisier, quai des Célestins, 11.

Defait et Langlade, Chemisiers, cours de la Liberté, 8.

Delorme (Mlle), Chemiserie, rue Saint-Joseph, 5.

Gacon, Chemisier, rue de la République, 6.

Gagnol et Clerc, Toilerie, chemiserie, trousseaux, lingerie, rue de la République, 42.

Gaillard frères, Chemisiers, rue Servient, 8.

Gardette frères, Chemisiers, rue Tupin, 15.

Grange P., Chemisier, rue Paul-Chenavard, 18.

Gravier A., Chemises en gros, rue des Remparts-d'Ainay, 38.

Jandard G., Chemisier, rue de l'Hôtel-de-Ville, 100.

Jay et Barral, Chemiserie, lingerie, rue de la République, 7.

Job et Goyet (Ancienne maison Vicard), Chemiserie et parapluies, rue de la République, 2, et rue Lafont, 12.

La Selve II. (*Chemiserie des Négociants*), rue de l'Hôtel-de-Ville, 43.

Laserme (V^e), Chemiserie, rue du Griffon, 8.

Méru G., Chemisier, quai de l'Hôpital, 66.

Molin frères, Toilerie, chemiserie, blanc, rue de l'Hôtel-de-Ville, 85.

Perrin et Chevalier, Bonneterie, chemiserie, rue de la République, 10.

Picard, Chemisier, quai de l'Hôpital, 66.

Pignaud, Chemisier, avenue de Saxe, 108.

Répécaud, Chemiserie, bonneterie, lingerie, rue de l'Hôtel-de-Ville, 46, et rue Saint-Nizier, 10.

Semeillon et Deshaye, Chemisiers, rue Lafont, 10.

Coffres-Forts

Fichet, Fabricant de coffres-forts, place de la Bourse, 2.

Fichet neveu, Fabricant de coffres-forts, rue Constantine, 9 et 11.

Höffner aîné, fabricant de coffres-forts, rue de l'Hôtel-de-Ville, 45.

Coiffeurs, Marchands d'Objets d'Art et Divers fermés pour la vente

Boissard (V^e), Parfumerie, coiffure, chapellerie, rue de l'Hôtel-de-Ville, 106.

Bouchard, Coiffeur, place Bellecour, 24.

Gauthier L., Coiffure et objets d'art, rue de la République, 2.

Confections ou vêtements pour hommes, Fabricants en gros et Tailleurs avec magasins

Bernard-Kasusson, Vêtements imperméables, rue Saint-Dominique, 16.

Berthier, Tailleur, rue Sainte-Hélène, 33.

Bonhomme Alexandre, Tailleur, rue Centrale, 54.

Chazelle, Tailleur, place Saint-Michel, 9.

Cheval, Maître-tailleur, avenue de Saxe, 80.

Chomel, Confections, rue Chaponnay, 40.

Davidson, Tailleur, cours Morand, 25.

Denève, Tailleur, rue Saint-Joseph, 8.

Denis-Dubœuf (V*), Fournitures ecclésiastiques, avenue de l'Archevêché, 2.

Détournel-Allignol, Confections en gros, rue de l'Hôtel-de-Ville, 19.

Dufour, Tailleur, rue Puits-Gaillot, 11.

Dumas, Tailleur, place Saint-Jean, 5.

Feuillet-Duranton, Confections, rue Palais-Grillet, 38.

Gamonet A., Fournitures pour tailleurs, rue Dubois, 6.

Gendreu, Fournitures pour garçons de café, rue Dubois, 31.

Gorce J.-J., Confections, cours de la Liberté, 68.

Luc-Pupat, Fournitures pour tailleurs, rue des Capucins, 11.

Marc J., Tailleur, rue Gentil, 19.

Milliat (V*), Tailleur, rue de l'Hôtel-de-Ville, 17.

Monard-Secret, Tailleur, quai de la Charité, 32.

Neyret et Cie, Confections, place Saint-Pothin, 12.

Pagnoud et Bonnardel, Tailleurs, place Morand, 20.

Perrin L., Tailleur, boulevard de la Croix-Rousse, 105.

Poyet, Marchand-tailleur, avenue de Noailles, 48.

Pradel, Tailleur, rue des Remparts d'Ainay, 29.

Rolland et Passeron, Fournitures pour tailleurs, rue Grenette, 16.

Romain, Fournitures pour tailleurs, rue Lanterne, 3.

Tavernier Henri, Tailleur, rue Burdeau, 6.

Varichon et Cie, Manufacture de vêtements, place de l'Abondance, 8.

Confections ou vêtements pour Dames,
Fabricants en gros
Tailleurs et Couturières avec magasins
(Voir Nouveautés et Soieries)

A la Parisienne, rue de la République, 24.

Bonvallet (Mme), Costumes, rue de la République, 26 et 28.

Bonvallet-Petit (Mme) (*Au Manteau Royal*), rue des Archers, 3 et 5.

Burdillon, Fournitures, rue Président-Carnot, 6.

Burlet, Couturière, rue de l'Abbaye-d'Ainay, 6.

Conféron C., Robes, rue Centrale, 43.

Dubois-Laporte, Confections pour dames, rue de l'Hôtel-de-Ville, 46.

Julien Louise (Mlle). Couturière, quai des Brotteaux, 1.

Payot (Mme), Tailleuse, rue Vaubecour, 31.

Peilhon, Soldes, cours de la Liberté, 4.

Riboulet A., Dentelles et fournitures pour couturières, rue de la République, 24.

Thomasset, Couturière, cours Gambetta, 56.

Confiseurs et Chocolatiers

Archinard J., Confiseur, rue d'Oran, 2.

Bernard, Confiseur, rue Victor-Hugo, 35.

Col, Confiseur, quai des Célestins, 12.

Dyen C., Confiseur, rue Victor-Hugo, 16.

Faure-Pasquet, Confiseur, rue des Célestins, 6.

Jannoray L., Fabricant de Chocolat, rue Victor-Hugo, 31.

Olibet (Jeune), *Biscuits Olibet,* rue Mercière, 7.

Peyrieux F., Bonbons, Chocolats et Cafés, rue Victor-Hugo, 26.

Vacher C. et Cie, Chocolats et Cacaos, rue de l'Hôtel-de-Ville, 103.

Cordiers

Berthet L., Cordier, place de la Miséricorde, 4.

Deriat G., Cordier, rue Romarin, 8.

Miéral-Chartron, Marchand-Cordier, rue de la Fromagerie, 2 et 6.

Vincent Félix, Cordier, rue de l'Hôtel-de-Ville, 61.

Corsets et fournitures pour Corsets

Badinand, Fabricant de Corsets, rue Paul-Chenavard, 37.

Behr-Mercier, Corsets, rue Paul-Chenavard, 31.

Bois-Bongrand, Corsets, rue de l'Hôtel-de-Ville, 68.

Bouchard, Corsets, avenue de Saxe, 178.

Chomard Dussel, Corsets, rue Paul-Chenavard, 33.

Fourbonne-Durand, Corsets sur mesure, rue de l'Hôtel-de-Ville, 100.

Gorraz (Vᵉ), Corsets, rue Saint-Joseph, 17.

Léonzon et **Descreux,** Fabricants de corsets, rue Rabelais, 18.

Mazoyer et Cⁱᵉ, Fabricants de buses pour corsets, rue Pierre-Corneille, 107.

Pacon et **Félix,** Corsets, rue Victor-Hugo, 15.

Roger et Cⁱᵉ, Fabricants de Corsets, avenue de Saxe, 244.

Richard-Ricanet, Corsets, rue d'Egypte, 2.

Sandras, Corsets, rue Mercière, 9.

Couteliers, Aiguiseurs

Bourdin (Vᵉ), Coutellerie, place du Change, 3.

Chamarande, Coutelier, rue St-Joseph, 19.

Chamarande, Coutelier, rue Romarin, 33.

Couvreux, Coutelier, cours Vitton, 60.

Lepine, Coutellerie, place des Terreaux, 15.

Paulus, Coutelier, rue Dubois, 4.

Planchamp, Coutelier, cours Lafayette, 26.

Raulin, Coutelier, rue Romarin, 10.

Cuirs et peaux, Tanneurs, Mégissiers
Corroyeurs, Crépins, Marchands divers

Baudière, Cuirs, rue Tupin, 15.

Bessey, Peaux de Chèvres, tiges pour chaussures et fournitures, cours de la Liberté, 8.

Bouchard Fils, Cuirs, rue Pierre-Corneille, 90.

Burdin, Cuirs, rue Molière, 46.

Cavalié, Fabricant de Tiges, rue Sala, 9.

Daujat (V^e), Fabrique de Maroquinerie, rue Centrale, 11.

Estragnat et Cie, Tanneurs, Lyon (Vaise).

Favre et Cie, Négociants en cuirs, rue Molière, 12.

Gibaud A., Fabricants de courroies, rue Vendôme, 24.

Gros P., Cuirs, rue Gasparin, 15.

Jacob (V^e), Cuirs, rue Mercière, 5

Jullien, Cuirs, rue Palais-Grillet, 5.

Kock Séb. et Cie, Marchands de cuirs, rue Molière, 60.

Lamarche, Cuirs et Peaux, rue de Bonnel, 58.

Lamy (V^e), Cuirs et Courroies, place des Hospices, 7.

Maillard et Croilier, Marchands de cuirs, rue Neuve, 3-5.

Marchal N., Cuirs, cours Lafayette, 3.

Martin et Prud'homme, Peaux, rue St-Joseph, 51.

Michon L., Cuirs et Peaux, rue Jarente, 24.

Pathin, Marchand de cuirs, rue Mercière, 11.

Société des Tanneurs, avenue de Saxe, 141.

Tournier E. et Cie, Cuirs et courroies, rue de Créqui, 32.

Deuil, Étoffes et vêtements pour Dames, Articles Mortuaires

Aubert A., Nouveautés et Tissus pour deuil, étoffes noires, rue Grenette, 3.

Cordenot, Couronnes, rue du Plat, 20.

Fugier-Breton, Couronnes et fleurs artificielles, avenue de l'Archevêché, 1.

Drapiers (Marchands)

Allex et Cie, Draperie, rue Tupin, 8.

Batovand, Tissus, quai des Brotteaux, 2.

Bertrand et Cie, Drapiers, rue de l'Hôtel-de-Ville, 14.

Brachet L. et Cie, Drapiers, rue du Bât-d'Argent, 20.

Darnat et Cie Drapiers, rue de l'Hôtel-de-Ville, 19.

Garcin et Cie, Drapiers rue de l'Hôtel-de-Ville, 55.

Merle et **Goutagny**, Draperie, rue Dubois, 21.

Merle et **Larmande**, Draperie, rue Longue, 21.

Pichat J^e et Cie, Drapiers, quai des Brotteaux, 17.

Droguerie, Produits chimiques, Eaux Minérales, Couleurs

Biétrix Aîné et Cie, Droguistes, rue Lanterne, 29.

Boissie J., Droguiste, rue de la Poulaillerie, 6.

Bonnamour et **Guillermain**, Produits minéraux, quai St-Vincent, 8.

Bouchard et fils, Droguistes, rue Pizay, 3.

Bouchard et Cie, Droguistes, rue Neuve, 12.

Branciard F., Eaux minérales, Avenue de Saxe, 193.

Bugnard et **Lacombe**, Droguistes, rue de la Poulaillerie, 15.

Cadet, Droguiste, quai St-Vincent, 48.

Cadot frères, Fabricants de vernis, marchands de couleurs, quai de la Guillotière, 9.

Chazaud, Droguiste, rue des Archers, 13.

Chevron et Cie, Droguistes, rue Lanterne, 30.

Clerc et Cie, Droguistes, rue Lanterne, 15.

Dubost, Vernis et couleurs, place de la Miséricorde, 8.

Duverger, Droguiste, rues St-Côme, 4 et Lanterne, 31.

Flachat, Fournitures pour Laboratoires, rue Pizay, 6.

Fournier A., Droguerie, place de la Miséricorde, 4.

Garnier (M^e), Eaux minérales, cours Morand, 3.

Geoffray L., Vernis et couleurs, rues Centrale, 1 et St-Nizier, 4.

Glénard frères, Vernis et couleurs, rue Quatre-Chapeaux, 5.

Gonin P., Droguiste, rue Lanterne, 23.

Gonon-Roux, Droguiste, rue Constantine, 8.

Guyot J.-M., Droguiste, rue St-Dominique, 4.

Imbert J., Droguiste, place de l'Ancienne-Douane, 5.

Masson et **Kuentz**, Vernis et couleurs, rue de la Préfecture, 8.

Malibron L., Droguiste, place Morand, 2.

Marthoud frères et **Hugon**, Droguistes, Avenue de Saxe, 129.

Maurat E., Droguiste, rue Childebert, 5.

Melot Favier et **Peillon**, Droguistes, Avenue de Saxe, 225.

Micol J., Droguiste, rues Neuve, 6 et Gentil, 5.

Mignot, Vernisseur, rue Pierre-Corneille, 129.

Pernel frères, Droguistes, quai des Brotteaux, 31.

Pernod, Peintures, Avenue de Saxe, 181.

Piot et Cie, Droguistes, rue de la Poulaillerie, 13.

Poizat, Pharmacien-Droguiste, rue Constantine, 8.

Reynaud père et fils, Droguistes, rue Lanterne, 11.

Société des soudières et produits chimiques, quai de Retz, 9.

Vachon frères, Droguistes, cours de la Liberté, 5 et 7.

Voisin E., Produits chimiques, Avenue de Saxe, 256.

Éclairage, Combustibles

(Voir aussi appareils)

Bouvier sœurs, Cierges, rue Tupin, 29.

Chadel, Allumettes chimiques, quai de la Guillotière, 10.

Compagnie du Gaz de Lyon, rue de Savoie, 7.

Compagnie des compteurs à gaz, Avenue de Saxe, 246.

Compagnie du Gaz, rue de la République 71.

Dumortier F., Fabricant de bougies et cierges, rue de la Bombarde, 13.

Favier A., Eclairage électrique, rue de Condé, 5.

Gloppe frères, Allumettes en gros, rue du Sergent-Blandan, 8.

Goiffon frères, Avenue de Saxe, 263.

Radisson et Cie, Stéariniers, rue du Tunnel, 36.

Ravaud, Fabricant de cierges et bougies, rue Tupin, 27.

Société Lyonnaise, rue du Président-Carnot, 9 et 11.

Vaësen L., Huiles industrielles, place de la Miséricorde, 5.

Emballeurs pour la Fabrique et autres

Buy, emballeur, rue Terraille, 22.

Cornillon, emballeur, rue Royale, 18.

Dellevaux, emballeur, petite rue des Feuillants, 1.

Depigny Fils, emballeur, rue Royale, 16.

Durand, emballeur, rue Dauphine, 2.

Egraz, emballeur, petite rue des Feuillants, 3.

Fougère, emballeur, rue des Capucins, 25.

Galliseau et Drevet, emballeurs, rue de l'Arbre-Sec, 3.

Gèvre, emballeur, petite rue des Feuillants, 5.

Mermod Frères, emballeurs, rue d'Alsace, 13.

Rive, emballeur, quai Saint-Clair, 8.

Saignol, emballeur, rue Neuve, 2.

Épicerie, Gros et Détail

(Voir aussi Droguerie)

Aulage (Directeur), Compagnie de l'Etoile de Nice, huiles et savons en gros, cours d'Herbouville, 4.

Bertrand et Cⁱᵉ, Pâtes alimentaires, rue Bouteille, 27.

Bibollet et Rolland, Epicerie en gros, rue Dubois, 21.

Bonnet et Baudin, Epicerie en gros, place de la Miséricorde, 9.

Bouchard Ch., Epicier en gros, place Carnot, 8 et 9.

Bourge Jules et Cⁱᵉ, Epiciers en gros, rue Pierre-Corneille 92 et 94.

Charrel Aîné, Epicier, place Carnot 10 et 11.

Chatelus, Epicier, place Carnot, 8 et 9.

Cornet et Ducaire, Epiciers, rue du Bât d'argent, 18.

Cottiet L., Epicier, rue Saint-Côme, 8.

Deville et Cⁱᵉ, Denrées coloniales, place de la Miséricorde, 7.

Durand A., Epicerie, droguerie, brosserie, rue Pierre-Corneille, 11.

Ferrand et Cⁱᵉ, Fabricants de pâtes alimentaires, cours Gambetta, 94, 96 et 98.

3

Luppi, Epicier en gros, rue Sainte-Hélène, 4 (impasse Cathelin).

Martin M.-J., Epicier, rue de l'Hôtel-de-Ville, 89.

Perrollaz, Huiles et savons en gros, rue Pierre Corneille, 28.

Planet J., Epicier, rue Saint-Dominique, 12 et 18.

Porte H., Epicier en gros, quai de Retz, 25.

Suty Aîné, Epicerie, confiserie, rue de la République, 8.

Taconnet, Epicier en gros, quai de l'Hôpital, 63, 64 et 65.

Équipements Militaires

Lara, Equipements militaires, place Bellecour, 16.

Ruettard L. et Cⁱᵉ, Equipements militaires, rue de la République, 47.

Factage, Entreprise et Bureaux

Sestier, Directeur de la Société du factage Lyonnais, rue Palais Grillet, 10.

Factage Lyonnais, rue Sala, 33.

    —   rue Jean-de-Tournes, 13.

    —   rue Mercière, 31.

    —   place de la Bourse, 43.

    —   rue Terme, 1.

    —   rue Sainte-Catherine, 17.

    —   Gare de la Croix-Rousse.

    —   Cours Morand, 54.

    —   avenue de Saxe, 64.

    —   avenue de Saxe, 14.

    —   place du Pont, 90.

Veuillet, Factage des Jacobins, rue Port du Temple, 18.

Faïence, Porcelaine, Cristallerie
(*Voir aussi Poterie*)

Berthier, Faïencier, rue Gasparin, 16.

Cambet, Porcelaines, rue Sainte-Hélène, 34.

Coste-Perret, Verrerie, place des Célestins, 6.

Flachat L., Verrerie, rue Pizay, 6.

Fougerolle, Verres et bouteilles, place Saint-Vincent, 3.

Gerest A., Porcelaines et cristaux, rue de la Préfecture, 10.

Lorrin J., Décorateur, marchand de porcelaines, rue Jarente, 15.

Monet A., Porcelaines et cristaux, rue de la Préfecture, 10.

Morel, Etagères pour bouteilles, rue Constantine, 10.

Mory Fils, Porcelaines et cristaux, rue Childebert, 3 et 5.

Pignard, Porcelaines, rue de l'Hôtel-de-Ville, 67.

Raynaud V., Porcelaines, cristaux, fromage et saucisson, rue Centrale, 18.

Rougemont, Porcelaines et faïences, rue Saint-Joseph, 51.

Viollet Louis, Verreries, faïences, rue des Augustins, 12.

Ferblantiers, Zingueurs et Étameurs

Baudin, Ferblantier, rue Mulet, 19.

Béguin J., Ferblantier, lampiste, quai de l'Hôpital, 2.

Bernus, Ferblantier, lampiste, rue de Penthièvre, 4.

Bonhomme, Ferblantier, rue Sergent-Blandan, 9.

Brunet, Ferblantier, cours d'Herbouville, 13.

Buzzini H., Zingueur, avenue de Saxe, 207.

Carriot, Zingueur, cours de la Liberté, 33.

Chapurlat, Ferblantier, rue des Forces, 2.

Cheoule, Ferblantier, plombier, zingueur, cours Vitton, 66.

Compagnie Royale Asturienne, zinc et plomb, rue Raulin, 43.

Deletraz, Plombier, rue de la Charité, 29.

Delzoppo, Ferblantier, rue du Plat, 29.

Gauthier H., Plombier, zingueur, rue Ferrandière, 27.

Giovangrandi, Ferblantier, rue Paradis, 3.

Glaudinon, Plombier, zingueur, rue Grobon, 2.

Gourdin, Chaudronnier, étameur, rue Bouteille, 8.

Guicherd, Plombier, place Kléber, 1.

Fabre J., zingueur, rue Jean-de-Tournes, 10.

Landier Fils, Zingueur, rue Pierre-Corneille, 3.

Linage J.-B., Plombier, rue des Célestins, 4.

Masoni L., Ferblantier, rue du Plat, 14.

Molimar, Plombier, zingueur, rue de la Poulaillerie, 4.

Negri, Ferblantier, lampiste, rue de la Charité, 26.

Nicolas Frères, Plombiers, zingueurs, cours de la Liberté, 3.

Parent, Ferblantier, rue de Flesselles, 20.

Pellandat H., Ferblantier, rue Quatre-Chapeaux, 11.

Perroncel, Plombier, zingueur, rue Royale, 10.

Pierratet, Plombier, zingueur, avenue de Saxe, 110.

Pissavy J., Fabricant de pompes à bière et étains, rue Grenette, 35.

Possa, Ferblantier, rue de la Charité, 29.

René E., Ferblantier, rue Saint-Joseph, 3.

Suretant, Ferblantier, place des Carmélites, 4.

Soulier, Zingueur, rue Victor-Hugo, 33.

Taffio, Ferblantier, rue de la Bourse, 10.

Tartarin, Ferblantier, rue du Sergent-Blandan, 19.

Thevenet, Ferblanterie et lampisterie, rue Saint-Jean, 22.

Fleurs artificielles et Plumes

Augier L., Fleurs, rue de la République, 57.

Pagnon (Vᵉ), Fabrique de Fleurs, rue Paul Chenavard, 35.

Perrin (Mᵉ), Fabrique de fleurs artificielles, rue de la République, 30.

Rubin J., Fleurs et Plumes, rue Paul Chenavard, 41.

Fleuristes, M^ds de fleurs naturelles

Fourrures, Pelleteries

Beckensteiner M., Fourrures et pelleteries, rue de l'Hôtel-de-Ville, 9.

Brive et Cie), Fourrures, pelleteries, rue St-Joseph, 7.

Courtois, Magasin de Pelleteries, place de l'Ancienne-Douane, 3.

Delapierre et **Hyvernat**, Fourreurs, rue de la Fromagerie, 9,

Foujols, Fourrures, rue St-Joseph, 2 et place Bellecour, 26.

Hasse, Fourrures, quai de la Pêcherie; 13.

Pechulle-Pelletier, Fourreurs, rue Centrale, 33.

Raccurt (V^e), Fourrures, rue de l'Hôtel-de-Ville, 36.

Wetengel, Pelleteries, rue Constantine, 5.

Weiss, Pelleteries et fourrures, rue de l'Hôtel-de-Ville, 105

Fripiers

Montel (V^e), Fripier, rue Mazenod, 5.

Séon, Fripier, rue Mazenod, 5.

Galoches et Sabots

(Voir aussi Chaussures)

Chaine, Fabricant de galoches, rue Juiverie, 18.

Depaix, Fabricant de galoches, rue Juiverie, 11.

Laplace Joannin, Fabricant de galoches et chaussures, rue des Prêtres, 34.

Neime, Galoches, rue du Bœuf, 12.

Pras, Fabricant de galoches et chaussures, quai de l'Archevêché, 4.

Ganterie et Parfumerie

Barral (Maison Perrin frères et Cⁱᵉ), Ganterie, rue de la République, 7.

Berle, Parfumerie, rue Victor-Hugo, 5.

Dumas, Parfumerie et pommade (*Produits merveilleux*), rue Victor-Hugo, 17.

Favel, Fabrique de gants, rue de la République, 4.

François et **Chorier,** Fabricants de parfumerie, rue Childebert, 17.

Joannon (Mˡˡᵉ), Ganterie, parfumerie, rue de l'Hôtel-de-Ville, 101.

Lenœuf (Mˡˡᵉˢ), Magasin du *Gant d'Or*, rue Victor-Hugo, 17.

Sirand Oscar, Fabrique de gants, rue du Président-Carnot, 7.

Grainetiers et Grainiers

Brossy Frédéric, Grainier, quai de la Guillotière, 6.

Carra, Grainetier et fourrages, rue Montbernard, 28.

Douine, Graines et farines, place St-Jean, 1.

Echinard, Grains et farines, grainetier, rue Victor-Hugo, 43.

Georges Ch. et **Michaudon,** Marchands grainiers, place Bellecour, 22.

Jocteur, Graines et farines, rue de la Martinière, 2.

Loras Maurice, Graines, épicerie, quai de la Pêcherie, 4.

Perret Louis, Grains en gros, quai de Retz, 23.

Rivoire, Marchand de fourrages, rue de Créqui, 63.

Rivoire père et fils, Marchands grainiers, rue d'Algérie, 16.

Zabin et **Rouchon,** Grainetiers, rue Grenette, 26.

Graveurs sur Bois et sur Métaux

Chatelain, Graveur, cours Morand, 14.

Faye, Graveur, place Croix-Paquet, 1.

Gantelle P.-M., Graveur, rue Centrale, 34.

Gontelle E., Graveur, rue Paul-Chenavard, 26.
Lassalle, Graveur, rue Royale, 17.
Malaval, Graveur, passage de l'Hôtel-Dieu, 24.
Maire fils, Graveur, rue Victor-Hugo, 21.
Martin, Graveur, rue Ste-Hélène, 29.
Vaganay, Graveur, passage de l'Hôtel-Dieu, 28.
Vallois, Graveur, rue de la Charité, 22.

Herboristes

Churlet-Grand, Herboristerie, bandages, Avenue de Saxe, 218.

Horlogerie, Fabricants, Magasins, Ouvriers

Ardouin, Horloger-bijoutier, rue des Capucins, 1.
Barthélemy, Horloger, avenue de Saxe, 69.
Benaud, Horloger-bijoutier, rue du Plat, 4.
Bovet J., Horloger, rue Vaubecour, 15.
Bouvier Fleury, Horloger-bijoutier, rue Paul-Chenavard, 23.
Clapisson, Horloger-bijoutier, rue Romarin, 29.
Couston, Horloger, rue du Jardin-des-Plantes, 1.
Delarue Ch., Horloger, rue de l'Annonciade, 18.
Dusserre, Horloger, cours Morand, 37.
Frainet, Horloger, rue Saint-Dominique, 15.
Grumel, Horloger, rue Neuve, 28.
Grunthaler, Horloger-bijoutier, rue de l'Hôtel-de-Ville, 29.
Hemmel, Horloger, avenue de Noailles, 87.
Honegger, Horloger-bijoutier, rue Président-Carnot, 4.
Honegger, Horloger, rue Saint-Dominique, 11.
Magnin, Horloger, grande-rue de la Guillotière, 24.
Martin P., Horloger, rue de l'Hôtel-de-Ville, 103.
Monillesseaux, Horloger, cours Lafayette, 98.

Régaudiot A., Horloger, rue du Plat, 4.
Renaud (Vᵉ), Horloger, rue Saint-Dominique, 14.
Riou S., Bijoutier-horloger, quai de l'Hôpital, 3.
Rouméas A., Horloger-bijoutier, rue Grenelle, 4.
Sabaté, Horloger et appareils électriques, rue Tupin, 31.
Simon Louis, Horloger, cours Lafayette, 145.
Vieux F., Horloger, cours d'Herbouville, 27.
Wegelin R., Horloger, place Bellecour, 3.

Imprimeurs

Bascou et Dupuis, Imprimeurs, rue de la Charité, 8.
Carret Ch., Imprimeur (*Imprimerie Saint-Nizier*), rue de la Fromagerie, 20.
Cassabois, Imprimeur, rue d'Amboise, 10.
Cellier, Fournitures pour imprimeurs, quai de l'Hôpital, 37.
Chappu, Imprimeur, rue Pierre-Corneille, 94.
Chouard, Directeur (*Imprimerie Nouvelle*), rue Sainte-Catherine, 3.
Damour-Girard, Imprimerie-papeterie, cours Morand, 15.
Danjou, Imprimeur-papetier, rue d'Algérie, 17.
Giraud, Imprimeur, rue des Forces, 1.
Giraud-Morel, Imprimeurs, rue Gentil, 11.
Jumeau, Badin et Bonnier, Imprimeurs, cours Gambetta, 40, et rue des Capucins, 6.
Matton A., fils, Imprimeur, rue Jean-de-Tournes, 9.
Mougin-Rusand, Imprimeur, rue Stella, 3.
Montané, Imprimeur, avenue de Saxe, 181.
Morel, Imprimeur, avenue de Saxe, 159.
Paquet M., Imprimeur-libraire, rue de la Charité, 46.
Parent, Imprimeur, avenue de Saxe, 226.
Silland L., Imprimeur, cours Gambetta, 9.
Schneider frères, Imprimeurs, quai de l'Hôpital, 9.
Rey A., Imprimeur, rue Gentil, 4.

Jouets, Fabricants et Marchands

Brunel (*A la Toupie Modèle*), rue de la République, 37.
Dessala Ferdinand, Jouets, rue Confort, 10.
Furchet, Jouets et marchand de soldes, rue Ferrandière, 3.
Schmidt-Bel, Jouets, rue Gasparin, 4.

Laines

Capdepon et **Prévot**, Lainages, rue Bât-d'Argent, 10.
Laurens, Lainages et mercerie, rue du Doyenné, 6.
Monnier, Laines, rue Centrale, 38.
Noiret, Laines filées, quai Saint-Clair, 9.
Pagnoud, Laines et cotons filés, rue de l'Arbre-Sec, 26.
Prat-Salle, Marchand de laines en gros, rue Ferrandière, 27.

Lingerie Confectionnée et Nouveautés

Bataillon (Mlle), Lingerie, broderie, cours Morand, 5.
Baud J., Lingerie, rue Saint-Dominique, 18.
Bois-Bougrand, Lingerie, rue de l'Hôtel-de-Ville, 68.
Boulay (*A la Samaritaine*), Lingerie, cours Morand, 20.
Bourgeaud (Mlle), Lingerie, rue Centrale, 48 et 50.
Bourget Marguerite (Mlle), Lingerie, rue du Plat, 3.
Chapuis (V^e), Lingerie, rue Centrale, 23.
Charlot (Mme), Lingerie, rue Sala, 28.
Comberousse M., Lingerie, rue Victor-Hugo, 6.
Comberousse (Mlle), Lingerie, rue Victor-Hugo, 14.
Coquard fils et Cie, Toiles et lingerie, rue Paul-Chenavard, 37.
Courtieu L., Nouveautés (*A Saint-Joseph*), rue Victor-Hugo, 6.
Defray (Mlle), Lingerie, quai des Brotteaux, 1.
Delorme (V^e), Lingerie, rue St-Joseph, 5.

Desbrest, Magasin de lingerie, rue Centrale, 29.

Fauvet J., Lingerie, cours Morand, 25.

Fournier A., Etoffes et lingerie d'église, rue Mercière, 29.

Frugne (M^r), Lingerie, rue St-Dominique, 3.

Garnier Jules (V^e), Nouveautés, rue Sergent-Blandan, 34.

Garonne, Lingerie, rue St-Dominique, 3.

Guilleminot (V^e), Lingerie, rue du Plat, 5.

Juif (Mlle), Lingerie, rue de l'Hôtel-de-Ville, 61.

Laprevote Maria, Lingerie, rue de la République, 12.

Lodobel A., Lingerie, rue Centrale, 41.

Maurin E., Magasin de lingerie (*A l'Abeille*), rue de la République, 44.

Méra (M^m), Lingerie des Brotteaux et Modes, cours Morand, 29.

Mercier Frères et **Marquet**, Lingerie, rue Centrale, 21.

Molin Frères, Toilerie, chemiserie, lingerie, rue de l'Hôtel-de-Ville, 25.

Montel (Mme), Magasin de lingerie, rue Laurencin, 3.

Noyel (Mme), Lingerie, avenue de Saxe, 69.

Odobel A., Lingerie, rue Centrale, 41.

Radamelle (Mlle), Lingerie, rue St-Dominique, 13.

Roche (Mlle), Lingerie, rue de l'Hôtel-de-Ville, 98.

Souchon-Gorini, **Gallien** et Cie, Lingerie, quai des Brotteaux, 3.

Teissier, Lingerie, rue du Plat, 10.

Varge Marie (Mlle), Lingerie, rue St-Joseph, 5.

Libraires

Allimant C., Libraire, rue St-Dominique, 17.

Augier, Libraire, rue Thomassin, 12.

Brun L., Libraire, rue du Plat, 13.

Chanard J., Librairie-Papeterie, rue du Plat, 17.

Côte Auguste, Libraire, place Bellecour, 8.

Crozier Louis, *Librairie St-Augustin*, rue d'Algérie, 20.

Cucherat (Mlle), Librairie et Objets religieux, place Saint-Jean, 11.

Delhomme-Briguet et Cie, Libraires, avenue de l'Archevêché, 3.

Depollier, Libraire, place Morand, 12.

Duplat, Libraire, rue de la Bourse, 2.

Gasignol, *Société St-Augustin*, rue Victor-Hugo, 5.

Georg H., Libraire, passage de l'Hôtel-Dieu, 38.

Grégoire (Mlle), gérante de la Bibliothèque des Familles, place Ampère, 6

Grillet (M^), Lecture, rue Constantine, 11.

Janicot, Libraire, place Morand, 20.

Paquet M., *Librairie de la Croix*, Librairie et articles religieux, rue de la Charité, 46.

Regard, abonnement aux journaux, rue Childebert, 17.

Rivoire, Libraire, rue Franklin, 36.

Roux, Libraire, rue St-Dominique, 2.

Ruban, Libraire, place Bellecour, 6.

Sauton, Libraire, abonnement à la lecture, rue Saint-Joseph, 49.

Vitte Emmanuel, libraire-imprimeur, place Bellecour, 3.

Wiedmann (V^e), Librairie et articles religieux, rue Saint-Jean, 68.

Literie

Aubert et **Poinel**, Literie, cours de la Liberté, 25.

Charnaud, Literie, rue de la République, 64.

Dimet, Literie-Matelassier, rue Franklin, 18.

Escoffier P., Literie, rue Centrale, 7.

François Aîné et **Ode**, laines, crins, fabrique de couvertures, quai de la Guillotière, 7.

Giroud et Fils, Marchands de couvertures, rue Dubois, 5.

Krieg-Basset, Négociant en literie, rue du Plat, 38.

Laurent, Lits en fer, rue Centrale, 46.

Louison, Literie, rue St-Joseph, 40.

Mailland-Grollier et Cie, Laines et fournitures, rue Neuve, 3 et 5.

Marchiara, Matelassier, rue Ste-Hélène, 38.

Phily, Literie, rue Hippolyte Flandrin, 2.

Revol, Marchand de couvertures, rue Gentil, 4.

Ressicaud, Literie, rue de l'Hôtel-de-Ville, 73.

Machines Diverses

Albaret et **Lefèvre**, Machines agricoles, place de la Bourse, 3.

Coste P., Forges et ventilateurs, cours de la Liberté, 58.

Damez et Cⁱᵉ, Machines à coudre, place des Jacobins, 8.

David, Machines à coudre, rue Ste-Catherine, 15.

Déroudhile, Moulinier, rue Garibaldi, 65.

Guigon, spécialité pour filatures et mouliniers, quai des Brotteaux, 1.

Lecomte (Vᵉ), Machines à coudre, quai de Retz, 15.

Nost, Machines à écrire, rue Lafond, 2.

Rougemond, Mécanicien, rue de l'Hôpital, 6.

Marbriers

Bachini Elie, Mouleur statuaire, rue des Estrées, 1.

Escalle et Cⁱᵉ, Marbriers sculpteurs, rue Président-Carnot, 3.

Guerre, Sculpteur, marbrier, quai des Brotteaux, 23.

Marc et **Emery**, Sculpteurs, marbriers, place de la Charité, 9.

Mollet, Marbrier, quai des Brotteaux, 11.

Paulme frères, Sculpteurs marbriers, rue Malesherbes, 43.

Pivot, Sculpteur-modeleur, quai de l'Hôpital, 52.

Poly, Marbrier, rue des Asperges, 66 et 68.

Maréchaux-Ferrants

Menuisiers

Allex,	Menuisier,	rue de Condé, 40.
Angellier,	—	place des Hospices, 6.
Basse,	—	rue Désirée, 7.
Bascoul,	—	rue Jarente, 25.

Bazin, Menuisier, rue des Augustins, 4.

Becameil Nicolas, Entrepreneur menuiserie, rue de Trion, 31.

Bouilhères, Menuisier, rue d'Enghien, 6.

Bioret,	—	rue Constantine, 8.
Blanc,	—	pour voitures, rue de Castries, 4.
Brunet,	—	rue Remparts-d'Ainay, 48.
Bugnono,	—	rue Boissac, 9.
Chalve,	—	rue de Flesselles, 4.
Charrin (V*),	—	rue Quatre-Chapeaux, 17.
Cazota J.,	—	rue Ste-Hélène, 10.
Damian,	—	rue Palais-Grillet, 15.
David,	—	rue Remparts-d'Ainay, 27.
Démontez,	—	boulevard Croix-Rousse, 69.
Dumond frères,	—	impasse des Carmélites, 10.
Dumora,	—	rue d'Amboise, 6 *bis*.
Forin,	—	place de la Charité, 5.
Francillon,	—	pour la fabrique, rue Vieille-Monnaie, 23.
Guy,	—	rue Ste-Hélène, 34.
Genetier,	—	montée des Carmélites, 23.
Gette,	—	Avenue de Saxe, 260.
Girerd,	—	montée de Choulans, 101.
Goumy,	—	rue Henry IV, 7.
Graillat,	—	rue de Condé, 9.
Grimonet,	—	rue Dunoir, 34.
Janin,	—	rue Laurencin, 9.
Janin,	—	rue Claudia, 23.
Lerat,	—	rue des Remparts-d'Ainay, 18.
Livet,	—	rue Pierre-Dupont, 41.
Malatrait,	—	rue du Bélier, 17.

Martin père et fils, Menuisiers, place des Pénitents de la Croix, 21.

Martin fils, Menuisier, place Sathonay, 4.

Martinière,	—	rue Ste-Hélène, 18.

Mousonnier et **Cottin**, Menuisiers, rue Mulet, 12.

Max Valentin, Entrepreneur menuiserie, rue Roquette, 16.

Millet, Menuisier, rue Palais-Grillet, 7.

Nigon J.,	—	cours Charlemagne, 25.

Nicolas,	Menuisier,	rue Champier, 4.
Pardon,	—	rue Montgolfier, 29.
Pareti,	—	rue Sala, 13.
Pellet,	—	rue Terraille, 11.
Peraillé,	—	rue des Forces, 4.
Pichon,	—	rue Bât-d'Argent, 9.
Raspail,	—	rue Ste-Hélène, 30.
Raynal,	—	rue Martin, 9.
Roget,	—	pour la fabrique, rue Donnée, 3.
Rivière,	—	rue Vauban, 9.

Sèbe, Entrepreneur de menuiserie, chemin de Choulans, 99.

Thevenet,	Menuisier,	rue Vendôme, 33.
Thibonnet,	—	rue Martin, 5.
Tribola,	—	rue St-Joseph, 24.
Tussiot,	—	rue Vieille-Monnaie, 31.
Vidal T.,	—	rue de Tunisie, 4.
Vigoureux,	—	rue Romarin, 6.

Mercerie

Alleq et Vermont, Mercerie, rue de la Poulaillerie, 9.

Assada frères,	—	rue Jean-de-Tournes, 12.
Auffrand (Mlle)	—	Avenue de Noailles, 65.
Ballandraux,	—	cours d'Herbouville, 15.
Bastard (Mlle),	—	bonneterie, rue du Garet, 10.
Battandier (Mlle),	—	rue St-Joseph, 23.
Bellet,	—	quai St-Vincent, 59.
Bellet,	—	rue Vaubecour, 26.
Bellevilles (Mlles),	—	lingerie, rue Vaubecour, 7.
Bernard-Giroud,	—	rue de la Bourse, 45.

Bertallot, Mercerie en gros, rue Quatre-Chapeaux, 1.
Billaz Fils aîné, Mercerie, rue Tupin, 12.

Borel,	—	rue Constantine, 16.
Bos P.-T.,	—	rue Grenette, 10.
Bouchage,	—	rue Ferrandière, 26.
Bouchard,	—	rue Romarin, 19.

Bovagnet,   Mercerie, rue de Castries, 3.

Bret et Cⁱᵉ,   —   rue Grenette, 14.

Buisson (Mᵐᵉ),   —   rue Gasparin, 16.

Chambard aîné,   —   rue de l'Hôtel-de-Ville, 11.

Chanelière (Mˡˡᵉ),   —   rue Sala, 10.

Chardonnet,   —   rue Confort, 6

Chavalard (Mˡˡᵉ)   —   avenue de l'Archevêché, 7.

Contour (Vᵉ),   —   rue Victor-Hugo, 12.

Damichon P.,   —   rue Mercière, 42.

Denuzière,   —   rue du Plat, 20.

Depralon,   —   rue Constantine, 7.

Devaux,   —   avenue de Saxe, 112.

Dextre (Mˡˡᵉ), Mercerie, rouennerie, place du Change, 1.

Ducelin J., Mercerie, rue Franklin, 47.

Dupeuple,   —   cours Lafayette, 11.

Durret et Berger, Mercerie, rue de l'Hôtel-de-Ville, 78.

Faussemagne (Mˡˡᵉ), Mercerie, rue Victor-Hugo, 11.

Fiot,   —   rue Victor-Hugo, 45.

Folliet,   —   rue Vieille-Monnaie, 25.

Fontaine et Cⁱᵉ, Mercerie en gros, rue de l'Hôtel-de-Ville, 34, et rue Poulaillerie, 11.

Gauthier Léon, Mercerie, rue Victor-Hugo, 64.

Germain et Boyet, Mercerie en gros, rue Saint-Dominique, 12.

Gidon (Mˡˡᵉ), Mercerie, rue d'Algérie, 15.

Gontard (Vᵉ) (ancienne maison Boudeyrou-Beauchamp), Mercier en gros, rue Centrale, 12.

Grandjanin J.-Henry, Mercerie, rue Centrale, 29.

Jarry J.,   —   rue de la République, 40.

Grandjanny, Mercerie en gros, rue de la République, 32.

Lambert, Mercerie, rue Saint-Joseph, 56.

Laroche,   —   rue du Plâtre, 5.

Magnin et Cⁱᵉ, Mercerie, rue St-Nizier, 10.

Marthouret,   —   rue Hippolyte-Flandrin, 9.

Mary (Mˡˡᵉ)   —   rue de Castries, 3.

Masson (Mᵐᵉ)   —   rue Sala, 25

Menu H., Mercerie, Quincaillerie, rue des Marronniers, 8.

Mermet M., Mercerie, rue Lanterne, 2.

Mollard (Mˡˡᵉ),   —   rue Vaubecour, 4.

Moiret Philippe, Mercerie, rue Paul-Chenavard, 5.

Mouton Alph' (Mlle), Mercerie, rue Sala, 28.

Perrié, Mercerie-Bonneterie, rue Bellecour, 4.

Perrier (V^e), Mercerie-Bonneterie, rue Romarin, 17.

Perrier (Mlle), Mercerie, rue Henry IV, 5.

Perrier, Mercerie-Rouennerie, rue Victor-Hugo, 23.

Perrin Mlle), Mercerie, rue du Plat, 40.

Perrin, Mercerie en gros, rue Centrale, 4.

Perroux, Mercerie, rue St-Joseph, 26.

Pétrod, Mercerie (*A l'Aiguille d'or*), cours Lafayette, 33.

Pradier, — rue du Plat, 22.

Pressenon, Mercerie, rue Victor-Hugo, 12.

Romagny, Mercerie, Rouennerie, Ganterie, rue Victor-Hugo, 11.

Régnier Sœurs (Mlles) Mercerie, Broderie, rue Centrale, 4.

Satin et **Laurent**, Mercerie, rue de l'Hôtel-de-Ville, 64.

Serve (M^e), Mercerie, rue d'Auvergne, 1.

Sublet (V^e), Mercerie, rue de la Barre, 2.

Tabardel, Mercerie et fournitures, rue de l'Hôtel-de-Ville, 6.

Taty (Mlle), Mercerie, rue de Condé, 24.

Terrier L., Mercerie, rue Mercière, 3.

Vallerin (Mlle), Mercerie, rue Sala, 20.

Vucher, Mercerie, rue du Plâtre, 7.

Wurtz (Mlles), Mercerie, quai des Brotteaux, 30.

Métaux (Marchands de)

Arragon Ch., Fondeur de cloches, rue Duhamel, 9.

Arthaud et **La Selve**, Métaux, quai Tilsitt, 18.

Blanc Ch. frères, Marchands de fer, rue du Plat, 16.

Brossette F., Marchand de métaux, place Vendôme, 8.

Champenois, Fondeur-Tourneur, rue de la Part-Dieu, 3.

Charpe, Marchand de fer, Grand'rue de la Guillotière, 99.

Coste-Caumartin, Fontes, rue de Jarente, 17.

Cumin, Fers et essieux, avenue de Saxe, 101.

Favier, Fabricant de filières pour métaux précieux, rue de Créqui, 28.

Guillon A., Marchand de fer, rue Dubois, 11.

Manhès Frères, Métaux, quai Tilsitt, 21.

Metzler, Tailleur de limes, rue d'Enghien, 16.

Peisson, Fondeur, avenue de Saxe, 171.

Quantin, Métaux, rue Palais-Grillet, 26.

Sevchon J., Métaux, quai Tilsitt, 6.

Thevenin Frères et Cⁱᵉ, Fondeurs, rue Dunoir, 3.

Vignon-Choquit et Fils, Métaux, rue Franklin, 7.

Meubles

Augustin, Négociant en meubles, avenue de Noailles, 60.

Barbaret, Fabricant de meubles, rue Victor-Hugo, 60.

Bava, Meubles anciens, rue Sala, 8.

Bonjour (*Au Colosse de Rhodes*), cours de la Liberté, 42.

Bouillanne, Négociant en meubles, cours Morand, 49.

Charvieux, Fabricant de meubles, rue du Plat, 8.

Chossard (Mᵐᵉˢ), Meubles, rue Palais-Grillet, 18.

Drevon, Fabricant de meubles, place des Terreaux, 16.

Duranton (Vᵉ), Meubles, rue de l'Hôtel-de-Ville, 94.

Flouvat, Fabricant de meubles, ébéniste, rue Sainte-Hélène, 41.

Jacquemont, Fabricant de billards, rue Sainte-Hélène, 16.

Meunier, Fabricant de meubles, ébéniste, rue des Chartreux, 11.

Millon, Fabricant de meubles, boulevard de la Croix-Rousse, 156.

Peronnet Jeune, Fabricant de meubles, montée de la Grand'Côte, 2.

Pichon B., Fabricant de meubles, rue du Bât-d'Argent, 9.

Piollat J., Fabricant de meubles, cours Gambetta, 34.

Ploquin, Fabricant de meubles, rue du Plat, 9.

Ponsonnot, Fabricant de meubles, rue St-Dominique, 18.

Pouly, Fabricant de meubles, rue de la Préfecture, 6.

Pupier (Vᵉ), Meubles, rue du Bœuf, 36 et quai de l'Archevêché, 23.

Ressicaud M.-B., Meubles, literie, rue de l'Hôtel-de-Ville, 73.

Robin, Fabricant de meubles, quai de la Charité, 38.

Roche, Meubles antiquaires, rue Dubois, 13.

Ravizzo, Fabricant de meubles, avenue de Saxe, 192.

Terrier, Fabricant de meubles et chaises, avenue de Saxe, 169.

Vélat A., Meubles, orfèvrerie Christophle, rue de la République, 5.

Verdellet, Fabricant de meubles, rue Sainte-Hélène, 33.

Miroitiers, Encadreurs, Doreurs sur bois

Benoit Fils, Fabricant de dorures, rue Constantine, 12, (2ᵉ).

Berticat-Chipier, Miroitier, rue Basse-du-Port-au-Bois, 11.

Bosson L., Doreur, avenue de Saxe, 74.

Clavel (Vᵉ), Dorures et encadrements, rue Vaubecour, 2.

Cottin, Miroitier, quai de l'Hôpital, 25.

Dubois, Doreur, rue Vaubecour, 25.

Eggi et Carthiau, Fabricants de dorures, rue d'Algérie, 13.

Escoffier J. et Cⁱᵉ, Fabricants de dorures, rue d'Algérie, 6.

Flachat, Cochet et Cⁱᵉ, Glaces, sculpture, bronze d'art, quai de la Guillotière, 10.

Guillot, Miroitier doreur, rue de la Charité, 14.

Guillot, Miroitier, rue Sala, 56.

Guillot P., Doreur-miroitier, rue Saint-Joseph, 8.

Peytel, Miroitier-doreur, rue Centrale, 38.

Pollet, Miroitier, rue Tronchet, 1.

Pouillé, Miroitier-doreur, rue Royale, 20.

Roux L., Encadreur, rue Vaubecour, 2.

Roux, Doreur sur métaux, quai de la Charité, 27.

Sapet, Encadreur, avenue de Saxe, 130.

Thorel et Desvaux, Miroitiers-doreurs, quai de l'Archevêché, 27.

Verdier, Encadrements, rue du Plat, 9.

Vincent Frères, Miroitiers, doreurs, encadrements, quai des Brotteaux, 30.

Spinéli, Miroitier-doreur, rue du Bœuf, 38.

Modistes et Fournitures pour Modes

Barraut (M^e), Modes, rue Saint-Joseph, 5.

Bernachon (Mlle), Modes, rue Sergent-Blandan, 36.

Besançon, Fleurs et fournitures pour modes, rue Victor-Hugo, 7.

Cabassut (M^e), Modes, place de la République, 55.

Chadourine (M^e), Modes, rue Mercière, 3.

Chambion (Mlle), Modes, rue de la République, 4.

Chapuis (M^e), Modes, rue Saint-Joseph, 51.

Charbonnier (Mlle), Modes, rue Saint-Joseph, 46.

Chollet (M^e), Modiste, rue Sala, 28.

David (M^e), Modiste, rue des Remparts-d'Ainay, 27.

Ducrot (M^e), Modes, quai de l'Archevêché, 25.

Durand (M^e), Fournitures pour modes et coiffures, rue Saint-Joseph, 38.

Fiat Sœurs, Modes, rue Saint-Joseph, 20.

Gleyre (V^e), Fournitures pour modes, rue de la République, 10.

Gonnet J., Fleurs et plumes, rue Centrale, 25, (au 2e).

Guillaud (V^e), Modes, rue de l'Annonciade, 6.

Guillon, Fils de fer pour modes, rue Dubois, 11.

Lalive (M^e), Modes, rue de Jarente, 3.

Léonard, Modes *(Aux Muguets)*, rue Victor-Hugo, 28.

Loriot, Fournitures pour modes, rue de la République, 35.

Malsert L. (M^e), Modes, rue du Plat, 15.

Merlé C., Modes et chapeaux, rue Mercière, 11.

Millet A., Modiste, rue de la République, 28.

Monnet, Modes, boulevard de la Croix-Rousse, 155.

Moulin M., Modes et fournitures pour modes, rue de l'Hôtel-de-Ville, 1.

Pelisson, Ganterie, rubans et fournitures pour modes, rue de l'Hôtel-de-Ville, 56.

Perraud (Mlle), Modes, rue Centrale, 43, (au 1er).

Raginel, Modiste, fournitures pour modes, rue Paul-Chenavard, 19.

Rey (Mlle), Modes, rue du Plat, 2.

Robineau (M^e), Modes, Cours de la Liberté, 15.

Saint-Aubert (M^e), Modes, rue Mercière, 42.

Vialla, Modes, rue Vaubecour, 23.

Zacarie et J. **Prost**, Chapeaux et fournitures pour modes, rue Centrale, 14.

Mouleurs en Plâtre, Statuaires

Andréoni, Mouleur, rue du Plat, 4.

Barbarin Ch., Statuaire, place Saint-Jean, 11.

Catheland, Sculpteur, quai Fulchiron, 3.

Gonnella, Mouleur-statuaire, rue des Deux maisons, 3.

Mollet, Statuaire, rue Saint-Jean, 4.

Schewartz, Mouleur-Statuaire, place Saint-Jean, 8.

Uzel Regis, Statuaire, rue Mandelot, 4.

Vermare, Sculpteur-Statuaire, rue Saint-Etienne, 4.

Musique, Marchands, Pianos, Orgues, Harmoniums, Instruments divers

Chambe (Mlle), Pianos, cours de la Liberté, 54.

Clet Fils et C·, Musique, pianos, orgues, rue de la République, 15.

Dulieux, Musique et pianos, rue de l'Hôtel-de-Ville, 98.

Deschaux E. Fils, Pianos harmoniums, place des Jacobins, 8.

Janin Fils, Pianos, orgues, harmoniums, musique, rue Lafont, 8.

Merklin Michel, Facteur d'orgues, rue Vendôme, 11.

Phélix J., Marchand de musique et pianos, rue de l'Hôtel-de-Ville, 42.

Rabut et **Batias**, Pianos, musique, rue Gentil, 13.

Rey E., Fils aîné, Marchand de musique, éditeur, rue de la République, 17.

Nouveautés, Soieries, Lainages
Tissus, Confections

Administration de la Société Anonyme des Grands Magasins *(Aux Deux Passages)*, Tressère, directeur, rue de la République, 34 et 38.

Berthaud et fils, Soieries (déchets), rue Vieille-Monnaie, 6.

Blanchard (V⁴), Rouennerie, mercerie, nouveautés, rue Pierre-Corneille, 39.

Borday A., Soieries, rue de la République, 82.

Bournet (V⁴) *(Au bon Marché)*, Nouveautés, place Saint-Nizier, 5.

Bret Jeune, Nouveautés, rubans, rue Grenette, 14.

Euland J. *(A la Scabieuse)*, Nouveautés, rue de l'Hôtel-de-Ville, 97.

Crouzat (Mⁱⁱ⁴), Nouveautés, rue de l'Hôtel-de-Ville, 50.

Cuvillier et Cⁱ⁴, Nouveautés, rue de l'Hôtel-de-Ville, 49.

Dufour et **Perraud**, Nouveautés, rue Grenette, 2.

Garnier (V⁴), (Maison Ruel et Buscoz), Nouveautés, rue du Sergent-Blandan, 34.

Gloppe (Mᵐᵉ) Nouveautés, Ganterie, rue d'Algérie, 20.

Julliard (Mᵐᵉ), Soieries et rubans, rue St-Dominique, 6.

Libeault (Mᵐᵉ), Soieries, Foulards, rue Victor-Hugo, 34.

Magnan, Morel, Armand, Boisson et Cⁱᵉ, Tissus en gros, nouveautés, châles, avenue de Saxe, 141.

Maissonnier *(Au Foulard de Chine)*, rue St-Dominique, 15.

Noally, Nouveautés, rue de la Madeleine, 11.

Peragut A., Rubans et soieries, rue de la République, 35.

Pernet et **Persot**, Coupons soies, rue Grenette, 5.

Pollard, Nouveauté, rue Paul-Chenavard, 14.

Ponthus H. *(Sablier, Immortelle)*, rue de la République, 45.

Pouly A., Nouveautés, rue Centrale, 5.

Raymond L., Soieries, rue de l'Hôtel-de-Ville, 29.

Rey, Nouveautés *(Au Mûrier)*, rue de la Charité, 18.

Sibuet frères, Déchets de Soie, quai St-Clair, 8.

Sineux et Cⁱ⁴, Nouveautés, soieries, Place des Cordeliers.

Thiers A., Nouveautés, rue de l'Hôtel-de-Ville, 35.

Tournus J., Nouveautés, place Morand 11, et cours Morand, 2.

Vullierme et Cie, Cotons filés, laines et déchets de soies, quai St-Clair, 11.

Objets d'Art, Modernes et Anciens
Tableaux, Estampes
Articles de Peinture et Dessin

Bouillin, Antiquaire, place St-Nizier, 5.

Buez J. *(Au Florentin)*, Objets d'Art, rue de la République, 9.

Dubernard, Antiquaire, quai de l'Hôpital, 53.

Duperray (V^e), Articles pour peintres, rue Constantine, 14.

Dupont P., Objets d'Art, rue de l'Arbre-Sec, 14.

Dussere C., Beaux-Arts, rue de l'Hôtel-de-Ville, 2.

Mayot, Objets d'art, rue Paul-Chenavard, 23.

Gauthier L., Objets d'art, rue de la République, 3.

Gauthier, Objets d'art, antiquaire, quai Pierre-Scize, 103.

Girerd H., Antiquaire, rue des Archers, 17.

Perraut (Mme), Antiquaire, rue Gasparin, 18.

Opticiens, Lunettes
Instruments de Physique

Bénévolo, Opticien, rue de la République, 48.

Guillot Gandy, Opticien, rue Romarin, 17.

Grousséaud, Opticien, rue de la République, 10.

Jeannin M., Opticien, place Bellecour, 6.

Jullien, Opticien, place Bellecour, 8.

Oger (V^e), Optique, place Bellecour, 2.

Machieraldo, Opticien, rue de la Bourse, 8.

Orfèvrerie

(Voir aussi Bijouterie)

Armand-Calliat, montée du Gourguillon, 18.

Boyron C., Orfèvrerie, rue de la République 37 et 39.

Favier, avenue de l'Archevéché, 1. et rue Condé, 5.

Lecoultre et Barral, Joailliers-orfèvres, rue de la République, 10.

Magenties et Broliquier, Orfèvres, rue de la République, 4.

Roux-Marquant, Orfèvre, rue Centrale, 11, au 1er.

Rey-Coquais fils, Orfèvrerie, argenterie (*Société du Métal Français*), rue de la République, 48.

Thiébaud (Vᵉ), Orfèvrerie de table, place Bellecour, 8.

Vélat A., Orfèvrerie, rue de la République, 5.

Papeterie, Brochure et Reliure

Alibaux, Verilhac et Cⁱᵉ, papiers en gros, rue Molière, 78.

Arnaud et Cⁱᵉ, Fabricants de papiers, place Bellecour, 30 *bis*.

Arthaud, papetier, rue Palais-Grillet, 14.

Bavosat, Papiers et fabricant de sacs en papier, Grande-rue de la Guillotière, 16.

Billon J., Papeterie, rue de l'Arbre-Sec, 13.

Bouchard A., Papeterie, rue Mercière, 50.

Boulu Père et fils, Papeterie, rue St-Dominique, 14.

Bonny, Papetier-relieur, rue St-Joseph, 39.

Buffard, Papeterie, Boulevard de la Croix-Rousse, 93.

Campagnac et Cⁱᵉ, Papiers en gros, quai de la Guillotière, 23.

Cérés H., Papeterie, rue St-Joseph, 38.

Cerrina A., Papetier, avenue de Saxe, 112.

Chanard J., Librairie et papeterie, rue du Plat, 11.

Condamin, Papetier, rue du Plat, 8.

Coris P., Papetier, rue de la Charité, 21.

Cothonay, Boiron et **Vignat,** Papiers en gros, place St-Michel.

David et **Courtinat,** Papeterie et objets d'art, rue de la République, 32.

Debauge (Mlle), Papeterie, avenue de Noailles, 67.

Dellevaux P., Papeterie, rue de la Barre, 1.

Deloche F., Papetier-imprimeur, rue Ferrandière, 27.

Doublier et **Perrin,** Papetiers, rue Neuve, 5.

Dufour-Cartat, Papiers en gros, rue Mercière, 49.

Durand G., Papetier, rue de la République, 58.

Gagneur, Vérilhac frères et Cie, Papiers en gros, place Tholozan, 20.

Gaudioz, Papetier, rue Centrale, 39.

Gay F., Papeterie et gravure, rue de la République, 6.

Gevin (V^{e}), Papeterie, rue Victor-Hugo, 59.

Gonnelle, Papiers en gros, rue Lafont, 18.

Gret, Papetier, quai St-Vincent, 54.

Guédot F., Papetier, quai St-Vincent, 55.

Jarrand frères, Fabricants de papeterie, rue de Créqui, 33.

Magnin B., Papetier-relieur, rue Sala, 58.

Manhès J., Papiers en gros, rue Pierre-Corneille, 9. ·

Maridet, rue Vaubecour, 21.

Mercier F., Papeterie générale, rue de l'Hôtel-de-Ville, 94.

Michel Jules, Papetier, quai de la Charité, 10.

Mollon (V^{e}), Papetier, rue Paul-Chenavard, 6.

Montvernay, Papeterie et patrons découpés, rue Gasparin, 29.

Moutarde, Fabricant de papiers, rue Dubois, 44.

Nicolas E., Papetier, rue d'Algérie, 6.

Noirot, Relieur, place St-Jean, 6.

Papeterie du Pont-de-Claix, cours de la Liberté, 32.

Paquet M., Librairie papeterie, reliure, rue de la Charité, 46.

Perreyon P., Papeterie parisienne, rue Victor-Hugo 1.

Perrichon, Relieur, doreur sur tranches, place de la Charité, 5.

Pierroux et **Drevet,** Papiers en gros, rue Molière, 32.

Reynard, Relieur, quai Fulchiron, 1.

Ringard et Cie, Fabricants de papiers en gros, rue Molière, 7 et 9.

Rosse Marius, Papetier-imprimeur, rue de l'Hôtel-de-Ville, 27.

Roux C., Découpeur-papetier, rue Pierre-Corneille, 138.

Sonnery, Papetier, cours Lafayette, 25.

Thorinaud, Papetier, rue du Plat, 28.

Treille, Papetier, rue des Capucins, 22.

Vadrot (V^e), Papeterie, rue Vaubecour, 21.

Voiron II., Atelier de reliure, rue de Castries, 13.

Papiers peints

Barnòla (Ancienne Maison Livet et Cie), Papiers peints, quai Tilsitt, 9.

Chavériat, Papiers peints, passage de l'Hôtel-Dieu, 54.

Clerc et **Meyssonnier**, Papiers peints, rue de l'Hôtel-de-Ville, 60.

Emery (V^e), Papiers peints, rue Hippolyte-Flandrin, 19.

Gagneux, Papiers peints, rue Ferrandière, 21.

Giriat, J., Papiers peints, rue des Archers, 4.

Jeannot et **Gilbert**, Fabricants de papiers peints et papiers en gros, cours Morand, 11.

Martin P., Papiers peints, rue de l'Hôtel-de-Ville, 92.

Meyssonnier E., Papiers peints, avenue de Saxe, 77.

Parfumeurs

Briau et Cie, Parfumeurs, rue du Bât-d'Argent, 3.

Chorier, Parfumeur, rue Childebert, 17.

Lubin Claudius, Fabricant de parfumerie, quai St-Clair, 4.

Moreau, Parfumeur, avenue de Saxe, 106.

Prudhomme et Cie, Parfumeurs, rue Grenette, 11.

Vachon et **Bavoux**, Parfumeurs, place de la Charité, 3.

Passementeries

Bonnamour L., Passementier, rue du Bât-d'Argent, 5.

Bouillin, Fabricant de passementeries et fournitures pour dames. rue de l'Hôtel-de-Ville, 15, et rue du Bât-d'Argent, 2.

Chambard Aîné, Passementier, rue de l'Hôtel-de-Ville, 15.

Fontaine, Passementier, rue de l'Hôtel-de-Ville, 35.

Gesse-Dormoy, Fournitures de passementeries, rue de l'Hôtel de-Ville, 14.

Grandjanin, Passementier, rue Centrale, 25.

Delobre (Mlle), Passementerie, rue Saint-Dominique, 15.

Godard, Passementerie, dentelles, rue de l'Hôtel-de-Ville, 68.

Gros et Puissant (Mlles), Passementerie, rue de la République, 5.

Labbé A., Passementerie, rue Grenette, 12.

Martin Ed., Fabricant de passementeries, rue Constantine, 15, (au 3e).

Moutier, Passementerie, rue Paul-Chenavard, 41.

Vullierme, Fabricant de passementeries, rue de Créqui, 35.

Peintres, Plâtriers

Baudier, Peintre-plâtrier, rue des Remparts-d'Ainay, 29.

Chapeaux, Peintre-plâtrier, rue Malesherbes, 35.

Gayetti Fils aîné, Peintre-plâtrier, place Bellecour, 21.

Vachon (V^e) et **Dumont**, Peintres-plâtriers, rue Victor-Hugo, 62.

Vernino, Peintre-plâtrier, grande rue de la Guillotière, 165.

Photographie

Chorutier, Fournitures pour photographes, rue Sainte-Hélène, 41.

Placements (Bureaux de)

Association Catholique des Patrons, rue Sainte-Catherine, 17.

Naville, rue du Plâtre, 3.

Quincaillerie

Bertrand, Quincaillier, rue du Plat. 11.

Bonneton Fils, Quincaillerie, articles de ménage, rue de la République, 12.

Bost Frères, Quincailliers, rue Grenette, 23.

Bruyas A. et Fils, Quincailliers, quai des Célestins, 5.

Comte (Vᵉ), Quincaillerie, rue Saint-Joseph, 31.

Corcellet, Huot et **Basset,** Quincaillerie, machines et outils, place Bellecour, 15.

Dumas et **Forgeot,** Quincailliers, quai St-Antoine, 39.

Deruaz, Quincaillier, avenue de Saxe, 98.

Dévigne Frères, Quincailliers, place Bellecour, 11.

Gallien et **Charton,** Quincailliers, quai de la Charité, 2.

Garde et **Lugon,** Quincailliers, cours de la Liberté, 56.

Gentil et **Rodes** Frères, Quincailliers, rue Confort, 14.

Goujet, Quincaillier, rue des Célestins, 8.

Guillaud et **Guerry,** Quincailliers, rue Victor-Hugo, 35.

Jannot, Quincaillerie-ferronnerie, rue du Peyrat, 3.

Janot, Quincaillier, rue du Plat, 9.

Lapalus, Quincaillier, quai de la Guillotière, 14.

Lapalus et **Roullet,** Quincailliers, grande rue de la Guillotière, 3.

Pansu, Quincaillerie, cours Morand, 1.

Silvestre, Fontes ouvrées, rue du Plat, 34.

Sullice et **Pachod,** Quincaillerie fine, rue Centrale, 6.

Thivel et **Béziat,** Quincaillerie, quai des Brotteaux, 29.

Vandel, Quincaillerie, ferronnerie, cours de la Liberté, 32.

Verchère, Fabricant d'outils pour sculpteurs, rue Molière, 30.

Rouennerie, Toilerie,
Tissus de fil ou de coton non confectionnés
(*Voir aussi articles de blanc*)

Ainé et Cie, Tissus, Avenue de Saxe, 112.

Barrat, Rouennerie, rue Commerce 20.

Blanc Marie, Rouennerie, rue Hippolyte-Flandrin, 8.

Berthon J., Négociant en toiles, rue Centrale, 9.

Canet, Rochet, Derbier et Cie, Toilerie, rue de l'Hôtel-de-Ville, 40.

Chardeyron frères, Toilerie, lingerie, rue Paul-Chenavard, 27 et 29.

Cousteix, Toilerie en gros, quai de la Guillotière, 17.

Defond J.-M., Toilerie, rue Longue, 18.

Dervieux, Rouennerie, rue Hippolyte-Flandrin, 19.

Dubois et Bernaix, Maison de blanc, rue Centrale, 15.

Faidy frères, Négociant en toilerie, place St-Nizier, 2.

Fouillet, Toileries, confections, rue Palais-Grillet, 38.

Fremier, Rouennerie. rue Tupin, 29.

Geynet et Couthon, Toilerie, rue Gentil, 4.

Gonin, Fabricant de ouates et cotons, rue Juiverie, 23.

Graty J. et Cie, Toilerie, coutils, cours de la Liberté, 10.

Hébrard A. et Cie, Magasin de blanc, rue de la République, 11.

Martin et Pouly, Tissus en gros, rue Centrale, 5.

Martin, Rouennerie, montée St-Sébastien, 27.

Megran A., Toilerie, rouennerie, rue Centrale, 10.

Meunier J.-F , Négociant en toileries, rue Paul-Chenavard, 39.

Perrot, Ducrot et Cie, Toilerie, rue Paul-Chenavard, 35.

Poulard, Jeandon, Chaffange et Cie, rue de l'Hôtel-de-Ville, 38.

Ramaz, Pluchier et Cie, de Tarare, rue François-Dauphin, 7.

Rey J.-B., Toilerie en gros, place St-Nizier, 2.

Thollat (V^e) et Bouget, Toilerie, lingerie, articles de blanc, rue Centrale, 26.

Vendre, Rouennerie, rue Ste-Hélène, 36.

Serruriers, Forgerons

Bardin,	Serrurier,	rue St-Joseph, 22.
Biasca,	—	rue Royale, 7.
Bissuel Louis,	—	montée des Carmélites, 40.
Bocquet,	—	place St-Michel, 3.
Borel,	—	rue de Penthièvre, 9.
Buclet,	—	rue de l'Arbre-Sec, 27.
Buttin,	—	rue Stella, 14.
Buttin,	—	rue Palais-Grillet, 12.
Cogniard,	—	place St-Clair, 6.
Collombet,	—	rue Port-du-Temple, 7.
Coulet,	—	rue des Chartreux, 20.
Cusin,	—	rue Franklin, 50.
Deschamps,	—	rue de Condé, 40.
Didier Ainé,	—	rue d'Amboise, 16.
Farat,	—	rue de Créqui, 97.
Faudon,	—	rue d'Auvergne, 7.
Genton,	—	rue Hippolyte-Flandrin, 13.
Guinet,	—	rue Vieille-Monnaie, 37.
Guy,	—	rue Molière, 10.
Jacquet,	—	rue de Tunisie, 6.
Lassaigne,	—	rue St-Joseph, 68.
Lambert,	—	rue de l'Arbre-Sec, 5.
Martin,	—	rue Molière, 27.
Mercier,	—	rue Grobon, 3.
Neyret,	—	rue Montgolfier, 15 *bis*.
Pesselier,	—	rue de Pazzi, 2.
Poulet,	—	rue Vieille-Monnaie, 26.
Queyras fils aîné,	—	rue Neuve, 6.
Roubellat,	—	rue Palais-Grillet, 22.
Soulié,	—	rue Grobon, 1.
Saby,	—	rue Neuve, 30.
Tirard,	—	rue du Garet, 10.
Touvier,	—	rue Terraille, 6.
Traverse,	—	place des Carmélites, 1.
Varichon C.,	—	rue Franklin, 20 *bis*.
Vital,	—	rue Poulaillerie, 13.

Sparteries

Bitton, Sparterie, cours Morand, 19.
Chéradame, Tapis, sparterie, rue Centrale, 1.
Gonnet, Sparterie, rue Romarin, 14.
Josserand J., Stores et tapis, rue de la République, 19.

Tapissiers et Ébénistes

Balme, Tapissier, rue Saint-Hélène, 11.
Baslet A., Tapissier-décorateur, rue Président-Carnot, 3.
Bellefin, Tapissier-meubles, rue Franklin, 45.
Bernard, Tapissier, rue du Plat, 28.
Besson, Tapissier, rue Pierre-Corneille, 8.
Borel, Tapissier, rue de Jarente, 4.
Bourdin, Tapissier, rue Boissac, 3.
Bratta Fils, Marchand de bois pour ébénistes, avenue de Saxe, 113.
Coffy (Mlle), Tapisserie, place des Jacobins, 8.
Combe A., Tapissier, rue Ferrandière, 25.
Conversi Joseph, Tapissier, rue d'Auvergne, 11.
Dangmann, Tapissier, meubles, rue Vaubecour, 8.
Dauphin, Tapissier, meubles, rue des Capucins, 9.
Dérieux, Tapissier, cours d'Herbouville, 16.
Deveraux, Tapissier-ébéniste, quai des Célestins, 10.
Drevon, Tapissier, rue Paul-Chenavard, 16.
Dubin (Mlle), Tapissier, place Bellecour, 1.
Febvre, Tapissier-ébéniste, rue Sala, 7.
Fête (Mme), Tapissier à façon, quai de la Charité, 38.
Fontaine P., Tapissier et fabricant de meubles, cours Morand, 7.
Garioux, Tapissier-ébéniste, rue Burdeau, 12.
Genin, Tapissier, rue de la Gerbe, 4.
Genre, Tapissier, rue Saint-Dominique, 1.
Giny, Ébéniste, rue Mercière, 20.
Giraud, Tapissier à façon, rue de l'Annonciade, 24.
Goujet (M^{e}), Tapissier, rue Saint-Dominique, 11.

Gouguet, Ebéniste, boulevard Croix-Rousse, 87.

Grange, Ebéniste-tapissier, rue Boileau, 42.

Gras H., Tapissier, rue Boissac, 9.

Guidy, Tapissier, rue Saint-Joseph, 3.

Guillermet, Ebéniste-tapissier, rue Vaubecour, 20.

Haag E., Tapissier, fabricant de meubles, cours Morand, 85.

Jouffre, Tapissier, avenue de Saxe, 199.

Koch, Ebéniste, avenue de Saxe, 263.

Labaume, Ebéniste, rue Adélaïde-Perrin, 9,

Lachenal, Ebéniste, rue Saint-Joseph, 43.

Mellon, Tapissier-ébéniste, boulevard de la Croix-Rousse, 156.

Morel, Tapissier, place Saint-Jean, 8.

Nalon, Tapissier, place du Marché, 4.

Nalon, Tapissier, grande rue de Vaise, 30.

Pageaut, Ebéniste, quai de la Charité, 41.

Paret J., Tapissier-ébéniste, rue Victor-Hugo, 29.

Peyriguère, Tapissier-meubles, place Bellecour, 30 *bis*.

Pierrard, Tapissier-ébéniste, rue Bourgelat, 6.

Pivot, Tapissier, rue Sainte-Claire, 1.

Sala F., Ebéniste-tapissier, rue du Plat, 32.

Sénaret, Tapissier, rue du Peyrat, 12.

Sornay et Fils, Tapissiers, rue Paul-Chenavard, 10.

Tardy, Tapissier-ébéniste, rue Sainte-Hélène, 11.

Vernis E., Tapissier-ébéniste, place des Célestins, 7.

Teinturiers-Dégraisseurs

Allard (Mᵉ), Teinturier-dégraisseur, rue Chevreul, 75.

Baret C.,	—	place des Hospices, 12.
Berthollet,	—	cours de la Liberté, 37.
Berthollet,	—	place de la Charité, 11.
Bonnet-Seytiés,	—	rue de Jarente, 5.
Brochu,	—	rue Saint-Joseph, 36.
Carron,	—	rue Palais-Grillet, 17.
Chaminel (Vᵉ),	—	rue du Plâtre, 7.

Chavanne, Teinturier-dégraisseur, rue des Augustins, 11.

Clair,	—	cours d'Herbouville, 16.
Condemine,	—	rue Victor-Hugo, 41.
Condemine,	—	cours Gambetta, 12.
Déborde (Vᶜ),	—	rue des Archers, 7.
Delormas,	—	r. Remparts-d'Ainay, 13.
Delry,	—	avenue de Saxe, 82.
Denis,	—	avenue de Saxe, 178, et rue de la Platière, 9.
Derain J.,	—	rue Romarin, 12.
Dubois,	—	rue Vaubecour, 24.
Ducreux,	—	rue Vaubecour, 24,
Durand,	—	grande-rue de Vaise, 28.
Durand,	—	r. Hippolyte-Flandrin, 14.
Durand,	—	cours Morand, 1.
Durel,	—	rue Franklin, 47.
Ecuer,	—	place Saint-Clair, 7.

Fougère-Mollard (Mᵐᵉˢ), Teinturiers - dégraisseurs, rue Franklin, 25.

Galvin, Teinturier-dégraisseur, rue Neuve, 24.

Gardet,	—	rue de la Martinière, 4.
Gathier,	—	rue Franklin, 25.
Gay,	—	rue Saint-Joseph, 52.
Gilbaud jeune,	—	rue Tupin, 5.
Girardin,	—	place Morand, 12.
Godard,	—	rue Vaubecour, 15.
Gonnet,	—	rue de la Bourse, 8.
Humbert (Vᵉ),	—	r. de l'Hôtel-de-Ville, 23.
Jaccoud H.,	—	rue de Condé, 28.
Jourdan,	—	cours d'Herbouville, 5.
Lamirand,	—	quai de la Charité, 4.
Lamy,	—	rue du Plat, 13.
Legneux,	—	rue Franklin, 34.
Margaron (Vᶜ),	—	rue Victor-Hugo, 29.
Mitaine (Vᵉ),	—	place d'Ainay, 5.
Moine (Mᵐᵉ),	—	rue Vaubecour, 4.
Moncorgé,	—	rue Thomassin, 7.
Motte,	—	rue Childebert, 2.
Palaud L.,	—	rue de l'Arbre-Sec, 3.

Perrusset, Teinturier-dégraisseur, rue Victor-Hugo, 12.
Perrusset, — rue Mercière, 21.
Perrusset, — cours Lafayette, 27.
Richaud (V^c), — r. Remparts-d'Ainay, 27.
Rippart, — rue des Deux-Maisons, 1.
Satre, — rue Duquesne, 25.
Schoeffer-Nicoud, Teinturier dégraisseur, rue de l'Hôtel-de-Ville, 104.
Scheidecker (V^c), Teinturier-dégraisseur, rue Dubois, 2.
Sibellas (Mme), Teinturier-dégraisseur, rue Gasparin, 12.
Truchot (V^e), — place Saint-Jean, 6.
Umbert (V^e), — place Ampère, 8.
Vachez (Mme), — rue Constantine, 16.
Varenne, — boulevard de la Croix-Rousse, 113.
Vicherd, — rue de Créqui, 103.
Voiturier J., — rue Saint-Joseph, 14.
Vuille, — cours Gambetta, 23.

Toiles Cirées

Bérard, Fabricant de toiles cirées, rue Hôtel de-Ville, 32.
Chéradame, Tapis, toiles cirées, rue Centrale, 1.
Courjon A., Tapis, toiles cirées, r. de l'Hôtel-de-Ville, 67.
Escoria P., Toiles cirées, rue de l'Hôpital, 9.
Eyssette, J., Toiles cirées, cours Morand, 11.
Girard, Sparterie-linoléum, place Léviste, 4.
Josserand, Tapis, toiles cirées, linoléum, rue de la République, 19.

Tonneliers-Encaveurs

Burdin, Tonnelier-encaveur, rue Sala, 4.
Combet, — rue des Augustins, 3.
Greuzard, — rue de la Martinière, 31.

5

Hulas, Tonnelier, rue Tupin, 31.
Malquarti Ph , Tonnelier, rue de Castries, 6.
Paul, Tonnelier, rue Sala, 14.

Tourneurs sur Bois ou Métaux

Charpillon frères, Tourneurs pour fabrique, rue Désirée, 4.
Gaillard,   —   —   rue Vieille-Monnaie, 26.
Jacquemet,   —   rue des Capucins, 8.
Piavoux,   —   pour fabrique, rue Vieille-Monnaie, 39.
Robellet,   —   sur bois, rue des Capucins, 19.
Silvent R.,   —   rue Quatre-Chapeaux, 6.

Treillageurs et Grillageurs

Bigolet, Grillages, rue St-Joseph, 17.
Bigolet Aîné, Grillages, rue de la Charité, 24.
Chabaury, Grillageur, quai de la Charité, 27.
Durand, Grillages, rue Ferrandière, 14.
Mouton J., Treillages, avenue de Noailles, 45.
Mulatier-Silvent et fils, Fabricants de toiles métalliques, rue de Créqui, 32.

Vanniers

Camus, Vannier, rue d'Egypte, 1.
Tissot (Ve), Vannerie, rue St-Dominique, 11.

Vélocipèdes

Chovet Paul, Vélocipèdes, place Bellecour, 8.
Lara-Ribal et Cie, Cycles, voitures-automobiles, rue Président-Carnot, 7.

Ledin et Cie, Fournitures, quai de la Charité, 30.

Léon J., Vélocipèdes, mécanicien, rue Neuve, 6.

Lara-Bibal, Vélocipèdes, avenue de Saxe, 54.

Milhet-Achard, Articles de vélocipèdes, rue des Célestins, 4.

Weler, Vélocipèdes et machines à coudre, avenue de Saxe, 188.

Vignon et **Canet**, Fabricant d'automobiles, rue de Fleurieux, 5.

Vins et Spiritueux

Barnoud, Distillateur, rue Childebert, 21.

Berthier, Fabricant de filtres, rue Vaubecour, 19.

Brossette et **Jakson**, Vins et alcools, rue Tronchet, 32.

Cazat Marcel, Vins en gros, cours d'Herbouville, 12.

Coste R., Directeur de l'*Elixir St-Pierre*, rue Grolée, 11.

Delazaive, Distillateur, cours de la Liberté, 1.

Desplace, Vins (*Chably Apéritif*), Avenue de Saxe, 258.

Dorieux et Cie, Distillateur, rue Ste-Catherine, 13.

Gignoux A., Vins en gros, quai St-Vincent, 21.

Gondraud H., Liquoriste, place Carnot, 1.

Lemonon neveu et **Bérard**, Vins en gros, cours Gambetta, 44.

Méchin E., Liquoriste (*A la grande Chartreuse*), passage de l'Hôtel-Dieu, 14.

Serve père et fils, Distillateurs, quai Perrache, 23.

Vincent E. et Cie, Distillateurs, rue Garibaldi, 76, et rue Bossuet, 55.

Divers

Arnett Charles, Représentant, cours d'Herbouville, 12.

Allard-Latour, Mécanicien-constructeur, rue Montgolfier, 15.

Barbier J., Mécanicien-constructeur, rue Montgolfier, 30.

Bourgeois, Tulliste, cours des Chartreux, 19.

Chevron-Bador, Représentant, quai de l'Est, 7.

Chevrier, Sténographe, rue du Bât-d'Argent, 6.

Comte E., Importation, rue Malesherbes, 39.

Daclin H., Constructeur-manomètres, place de l'Abondance, 1.

Darphin C., Outils et meules, rue Vauban, 23.

Delorme (Mlle), Maillons et verres pour la fabrique, rue Vieille-Monnaie, 43.

Dollfus et Ce, Articles sanitaires, avenue de Noailles, 54.

Godderidge, Tulliste, rue Duroc, 12.

Goujot J., Dessinateur, rue de Béguin, 12.

Guerry, Articles pour bureaux de tabac, rue Franklin, 38.

Hamelle Henry, Fournitures pour usines, rue Molière, 11.

Honta, Marchand de charbons, rue de Jarente, 11.

Orelle, Fabricant de navettes, rue Flesselles, 20.

Maillet, Tulliste, rue de Condé, 12.

Manquat, Constructeur-mécanicien, avenue de Saxe, 262.

Mathias, Fabricant de paillettes, place Morel, 10.

Mollard, Directeur du journal *La Vie Française*, rue Président-Carnot, 9.

Naville, Bureau de placement, rue du Plâtre, 3.

Lubin, Agence, rue de l'Hôtel-de-Ville, 104.

Sifflet, Fabricant de remisses, rue Tolozan, 9.

Supplément (Quincaillerie)

Huot, Basset et Cie, Outils et quincaillerie, rue de la Barre, 2.

TABLE

~~~~~~~~~~

Documents manquants (pages, cahiers...)